인문잡지 한편
2

인플루언서

KB022424

"말이란 세 가지로 구성된다.
말하는 사람, 말에 담긴 내용,
그리고 말이 향하는 사람.
말의 목적은 마지막과 통한다.
즉 듣는 사람이다."

아리스토텔레스,『수사학』

인문잡지 한편
2020년 5월
2호

인플루언서

우리는
영향력을 원한다

한 사람의 작가는 어떻게 만들어질까? 한 권의 위대한 책, 앞서 간 스승, 운명적인 라이벌 또는 희생적인 가족이라는 답안이 주를 이루던 시절에 루이자 메이 올컷은 이렇게 썼다. 조 마치라는 작가를 만든 건 책임감 있는 첫째 언니 메그, 영리한 막내 동생 에이미, 사랑하는 엄마 그리고 소설을 써 달라고 부탁한 동생 베스라고.

그레타 거윅이 연출한 영화 「작은 아씨들」(2019)에서 셋째 베스 역을 맡은 배우 엘리자 스캔런은 자신의 캐릭터에 관해 이렇게 말했다. "힘은 다양한 장소에서 발견될 수 있고, 다양한 방식으로 표현될 수 있어요. 취약함 속에서도, 느끼고 싶지 않은 감정에 자신을 열어 놓는 것에서도." 수줍음이 많고 내성적인 베스는 어려운 이웃을 꾸준히 방문할 때, 고통스러워하는 조를 북돋을 때 자신만의 힘을 드러낸다. 스캔런에 따르면 내향적인 사람은 그들만의 방식으로 세상을 향해한다.

힘은 물리 공식으로 간명하게 표현되는 한편 일상에서는 다양한 의미로 쓰인다. 취약함 속에서도 발견되는 힘이란 역설적인 표현이지만, 느끼고 싶지 않은 감정에 마음을 열려면 힘이 필요하다는 점은 외향적인 사람이라도 짐작할 수 있을 것이다. 원래의 나를 거스르는 외부의 자극을 받아들이기란 힘들다. 하지만 변하기 위해서는 힘을 들여야 한다.

영향력이라는 힘을 이해하기

인터넷에서, 오프라인에서도 인플루언서들은 영향력이라는 힘을 유감없이 떨치고 있다. 인플루언서란 무엇인가? 콘텐츠를 제작하고 유통하는 데 성공을 거둔 크리에이터이거나, 진정성을 연출해서 수익을 내는 사업자이거나, 이론상으로는 누구나 될 수 있는 '인기 있는 일반인'이다. 인플루언서는 수천수만 명의 팬층에 힘입어 '팔이피플'이 되거나, 연예대상의 수상소감에도 등장하는 '선한 영향력'으로 평가될 수 있다. 비즈니스의 구체적인 현실과 어딘가 막연한 이상 사이에 있는 셈이다.

SNS 시대의 인문학을 시도하는 《한편》 2호는 인플루언서 되는 법이나 인플루언서 사용법이 아니라, 인플루언서라는 현상을 분석한다. 인플루언서를 둘러싼 무언가가 문제적이라는 생각 때문이다. 하자 있는 상품을 판매한 인기 인스타그래머, 음모론으로 점철된 유튜브 채널만이 문제가 아니다. 인플루언서가 가진 영향력의 의미 또한 문제로 남아 있다.

인플루언서의 정의는 새로운 매체를 통해 영향력을 행사하는 개인이다. '새로운 매체'에 대한 분석이 커뮤니케이션 연구에서 경영 이론까지 넘치고 있고, '개인'에 관한 탐구가 학문과 예술의 오래된 주제라면, '영향력'이 무엇인가에 관해서는 상대적으로 충분히 물어지지 않았다. 따라서 《한편》은 영향력이라는 개념에 초점을 맞춘다. 무언가의 효과나 작용이 다른 무언가에 미치는 일을 뜻하는 영향의 힘·크기·정도에서 시작하면 뉴미디어의 의미와 개인의 위상을 새롭게 이해할 수도 있을 것이다. 영향력을 둘러싼 논점으로는 다음의 두 가지를 뽑았다. 누가 영향력을 원하는가, 그리고 영향력을 어떻게 평가할 것인가.

누가 영향력을 원할까?

언론학에서 수사학, 교육학, 역사학, 여성학, 인류학까지 열 편의 글을 모아서 영향력 개념의 지도를 그리는 인문잡지 《한편》의 관심 대상은 역시 출판계의 인플루언서다.

잠시 조선 시대의 문학을 돌아보면, 지치지도 않고 반복되는 출사라는 모티프가 보인다. 한문 능력을 획득한 선비들의 이상은 조정에 나아가 정치를 펼침으로써 수신제가치국평천하 하는 것이었고, 시세가 어지러워서든 운때가 맞지 않아서든 벼슬살이가 여의치 않으면 물러나 자기를 보전하고 후일을 도모해야 했다. 정견을 펼치고 정책을 제시하는 상소문, 일생을 기록하고 처신을 평가하는 전기문, 세상 만물을 자기 수양의 수단으로 삼는 기(記), 임금에게 재등용을 읍소하는 가사(歌辭)까지. 관료이자 사회 지배층이었던 근대 이전의 지식인은 글이라는 수단으로 영향력을 발휘했고, 세상을 다스린다는 목적의 정당성을 거의 의심하지 않았다.

20세기에 이르러 지식 생산자와 소비자는 분리된다. 한글이 보편화하고 말길이 트이면서 뉴스를 보도하는 언론인과 독자가, 문화를 생산하는 작가와 소비자가 나뉜 것이다. 이 중에서 영향력의 감소로 위기를 느끼는 집단은 전자, 곧 식자층이며 그 맞은편에 자격증도 없이 뜬 것처럼 보이는 스타와 추종자들이 있다. 이때 식자들이 학문의, 문학의, 예술의, 문화의 위기를 말할 때는 주의해야 한다. 위기란 실제로 그 분야의 문제이기보다는 그 자신의 것이거나, 상대를 '대중들'로 싸잡아 버리는 함정이기가 쉽기 때문이다. 오스트레일리아의 문화연구자 그레이엄 터너는 "셀러브리티는 유명한 것으로 유명한 사람이다."라는 널리 알려진 구절이 엘리트주의의 함정에 빠졌다고 보며, 그로부터 벗어나기 위해 다음 구절을 인용한다. "우리는 수 세기 동안 민주적으로 확장하는 문화 속에서 살아가고 있다. 그렇지만 우리는 그런 문화의 성격과 조건을 이해하는 데 에너지를 쏟지 않고, 오히려 그런 현실을 안타까워하고 있을 뿐이다."(레이먼드 윌리엄스)

민주주의가 확장되는 현장에서 《한겨레》 기자 이유진의 「무슨 일이 일어나고 있나요」는 뉴스 생산자로 부상한 인플루언서를 추적한다. 저널리스트와 인플루언서가 서로 영향을 미쳐 온 궤적은 마치 정치권력과 언론이 그랬듯 한 배를 탄 적이자 동지로 보인다. 따라서 변화의 성격을 이해하기 위해서는 '기레기'라는 멸칭도, '관종'이라는 적대도 벗어나 기성 언론과 인플루언서 양자의 상호 작용을 살펴야 한다. 같은 결론을 문화비평에서 도출하는 「네임드 유저의 수기」에서 영화평론가 윤아랑은 문화자본과 지망생의 관계를 한 영화 플랫폼에서 '네임드' 유저였던 자신의 경험을 통해 분석한다. 제도의 안과 밖에 얽힌 욕망을 직시한 결론은 단순하다. 작가도, 인플루언서도 모두 영향력을 원한다.

영향력을 어떻게 평가할까?

사회의 중심부로 소용돌이치는 권력을 누구나 원하는 것은 아니다. 은둔을 택해 죽을 때까지 조정을 쳐다보지 않은 은자들의 이야기가 전해지며, 애초에 뭘 어떻게 해 보겠다는 아무런 포부 없이 살았던 훨씬 많은 백성들에게 정치란 신기루와 같은 것이었다. 하지만 디지털 네트워크를 통해 그 언제보다도 쉽게 자신을 알릴 수 있게 된 오늘날 '좋아요'와 '팔로어' 수로 측정되는 영향력은 부로 교환될 가능성으로 사용자들을 자극하고 있다.

상업에 능한 인플루언서는 팔이피플로 전환된다. 『제국대학의 조센징』의 저자 정종현은 기업가가 사회적인 영향력을 미칠수 있게 된 시대의 개막을 상징하는 김성수의 이력을 재검토한다. 친일파라는 모범 답안을 보류한다면, 《동아일보》와 경성방직, 고려대학교의 경영으로 정치, 경제, 언론, 교육계에서 세력을 떨친 김성수를 어떻게 볼 것인가? 「선한 영향력 평가하기」는 '공적이익과 사적 이익의 순환 창출'이라는 평가 기준을 제시하니, 독자는 이를 현재에 적용해 볼 수도 있을 것이다.

100년을 지속한 언론의 힘은 후원자 시민들로부터 나왔다는 위 글의 주장은 독문학자 유현주의 「팔로어에게는 힘이 없다」에서 부정적으로 비춰진다. 매체가 평등을 실현할 것이라는 기대는 매체의 역사에서 반복해 좌절되었다는 것이다. 월드와이드웹은 열린 구조를 표방하지만 실제로는 나무 구조를 이루며, 인플루언서는 나무의 상단을 차지하고 있다. 신경인류학자 박한선 또한 「인플루언서 vs. 슈퍼전파자」에서 정보(또는 위생)의 불평등을 파고드는 양치기 소년(또는 바이러스)의 문제를 예리하게 지적한다. 2020년 현재 세계적 영향력자인 코로나19의 그림자가 드리운 글이다. 문화연구자 강보라는 「《일간 이슬아》의 진정성」에서 문화계 초미의 관심사인 이슬아를 진정성이라는 오래된 개념을 통해 들여다본다. 즉각적인 소통이 기본 요소가 된 디지털 환경에서 구독자들은 글의 진정성을 믿은 나머지 작가를 투명하게 비치는 존재로 여기게 된다. 유현주, 박한선, 강보라의 글은 무한한 콘텐츠 제공으로 인간을 소진시키는 새로운 매체 환경에서 거리 두기의 필요성을 상기하게 한다.

한편 고대의 영향력자를 만나기 위해 시간을 거슬러 올라가는 서양고전학자 김헌은 「2500년 전의 인플루언서들」에서 '연설가'라는 고전적인 초상을 그린다. 문자 그대로의 광장에서 이성, 감성, 품성에 호소하는 말로 청중들을 감화시킨 아테네의 연설가들은 평범한 사람이 따를 수 없는 비범함만이 아니라 소박함역시 보여 준다. 수사학 교사로 출발한 이소크라테스는 영원한 지혜 대 찰나의 의견들이라는 이분법을 넘어, 의견들을 분별하는 능력을 가진 사람이 곧 철학자라고 힘주어 말한다.

영향에서 행동까지

설득하는 말의 힘으로 사람들을 감화한다는 고전기 아테네의 이상은 아름답지만, 영향력의 양만이 아니라 질을 어떻게 담보할 것인가는 현실적인 문제다. 가까운 사례로 문화평론가 손희정은 페미니즘이 시장에서 흥행하는 상황에 대해 다음과 같이 논평했다. "페미니즘이 힘을 보여 주기 시작하면서 '페미니즘은 돈이 된다'는 말도 회자되었다. 이때의 돈은 끝없는 축적을 목표로 하는 자본주의적 자본이라기보다는, 이 사회에서 교환될 수 있는 가치이자 영향력으로서의 '파워'와 동의어라고 본다."(『대한민국 넷페미사』) 영향력이 곧 권력이자 자본으로 교환될 수 있을 때, 그 힘을 어떻게 쓸 것인가? 다음의 세 편을 참조하라.

먼저 미디어리터러시 연구자인 김아미는 「어린이의 유튜브 경험」에서 행위자의 실천에 방점을 둔다. 언론에서 주목하는 키즈 유튜버도, 스마트폰 중독자도 아닌 실제 어린이들은 미디어 공간에서 타인과 영향을 주고받고 있다. 이를 미디어 문해력이라는 역량을 쌓아 가는 과정으로 이해한다면, 새로운 미디어가 제공하는 기회와 위기까지도 공유할 수 있을 것이다. 두 번째로 여성학 연구자 이민주는 온라인상의 페미니스트 운동 전략으로 부상한 '피드백 문화'를 분석한다. 좋아하는 아이돌에게, 게임 회사에게, 애니메이션 제작자에게 잘못의 시정을 요구하는 피드백 운동을 통제나 비난의 대상이 아니라 변화를 지향하는 또 다른 방식으로 파악하는 「#피드백 운동의 동역학」은 지치지 않는 삶을 위해 피드백의 정당한 값을 요구한다. 마지막으로 청소년기후행동 활동가 윤해영은 「영향, 연결, 행동」에서 기후행동에 나선 지난 1년의 이야기를 들려준다. 몰랐던 사실을 받아들이는 고통, 새로운 연결을 만나는 기쁨은 반복된다. 변화를 하나의 점이 아니라 연속적인 선으로 파악할 때 우리는 목소리가 작은 사람도, 무력한 사람까지도 힘을 가지고 있다는 걸 이해하게 된다.

"하나의 잡지는 어떻게 만들어질까? 빡세게, 힘들게, 겨우 겨우."라고 페이스북에 후기를 남긴 것은 《한편》창간호의 첫 번째 글을 썼던 박동수 사월의책 편집장이었다. 독자 여러분의 많은 관심과 격려로 힘들지만은 않게 준비한 《한편》2호의 이야기가 더 많은 연결을 만들 수 있기를 바란다.

신새벽(편집자)

일러두기

[1] 저자의 주는 각주로 표시했고 참고 문헌은 권말에 모았다. 외래어 표기는 국립국어원의 외래어 표기법을 따랐으며 일부 관례로 굳어진 것은 예외로 두었다.

[2] 단행본은 『 』로, 논문, 신문기사, 예술작품 등 개별 작품은 「 」로, 신문과 잡지 등 연속간행물은 《 》로 표시했다.

무슨 일이
일어나고 있나요

학부에서 사회학을, 대학원에서 문화학과 여성학을 공부했다. 《한겨레》에서 문화부, 사회부, 편집부 등을 거쳐 지금은 책지성 팀장으로 일한다. 『엄마도 아프다』(2016, 이후)를 다른 사람들과 함께 썼다. 저널리스트와 저널리스트스러움 사이, 페미니스트와 페미니스트스러움 사이에 끼어 있다.

이유진

[주요어] #저널리즘 #마이크로셀러브리티 #담론장
[분류] 사회학 > 언론정보학

2020년 4월 22일 밤 11시 37분. 인터넷 《한겨레》에 '너, 아직도 신문 보니?'라는 제목의 칼럼이 노출되었다. 종이신문 열독률이 2015년 25퍼센트대에서 2019년 12퍼센트대로 4년 만에 절반 이하로 떨어졌다면, 결합 열독률(다양한 수단으로 기사를 읽은 비율)은 2019년 기준 88.7퍼센트를 기록했다는 내용이다. 즉 종이신문 구독자가 줄었지만 뉴스 소비자는 줄지 않았다. 고경태 오피니언 부국장은 "안 본다, 가 아니라 더 본다, 가 진실에 가깝다."라고 썼다.

사람들은 눈뜨자마자 뉴스에 접속하고, 자발적으로 유통에 참여한다. 이제 소비자가 수동적인 정보 수용자에 머물지 않는 인터넷 뉴스 생태계는 최근 10년

사이에 신종 플루, 메르스, 코로나19 같은 전염병 재난을 경험하며 더욱 활발한 형태를 띠게 되었다. 대면 접촉이 어려운 시기, 마스크나 생필품 구입부터 정부의 생활방역 지침까지 디지털 네트워크를 떠도는 정보의 빠른 획득은 생존을 위한 필수적인 실천이 되었기 때문이다.

오늘날 직업 저널리스트들보다 더욱 강력한 대중적 영향력을 지닌 인플루언서들이 등장해 여론을 주도하고 있다. 저널리스트는 정의상 뉴스를 만드는 사람인데, '뉴스성'이라는 개념에 균열이 생겨 무엇이 뉴스가 되는지를 판단하는 기준 자체가 모호해졌다. 이러한 저널리즘의 변화를 둘러싸고 이 글은 인플루언서를 저널리스트와 비교해 보려고 한다. 뉴스 생산자·전파자라는 공통분모를 가진 양자는 어떻게 변화해 왔으며, 앞으로 어떤 관계를 맺게 될 것인가?

정론지(正論紙)를 표방하는 정론지(政論紙), 한국 언론의 간추린 역사

예나 지금이나 미디어의 움직임에 가장 촉각을 곤두

이유진

세우는 것은 권력자였고, 언론은 그런 권력자들을 견제하고 감시하는 일을 주요 사명으로 삼았다. 해방 직후 언론들은 이념적, 정치적 색깔이 강한 '정론지(政論紙)'로, 사실 보도보다는 '의견'과 '주장'에 더 힘을 실었다.[1] 1961년 5.16 군사쿠데타 이후 집권한 박정희는 언론에 재갈을 물린 대표적 권력으로 손꼽힌다. 1970년대 중반 자유언론실천운동이 일어나 유신체제에 저항했지만 역부족이었다. 《동아일보》, 《조선일보》 해직기자들이 거리로 내몰렸고 언론 통제는 더욱 극심해졌으며 남아 있는 언론인들은 권력과 야합했다. 1979년 10.26으로 등장한 전두환 신군부는 1980년 언론 통폐합으로 언론인들을 대량 해고했다. '건전한 언론풍토 조성'이 목표라고 했지만 실제로는 신군부 보안사 언론반이 주도한 것이었다.[2] 그 뒤 해직기자들을 중심으로 대대적인 국민주 모금운동을 벌여 1988년 5월 15일 《한겨레신문》을 창간했다. 그해 11월엔 전국언론노동

---

[1] 강준만, 『한국 언론사: 한성순보에서 유튜브까지』(인물과사상사, 2019), 218쪽.
[2] 한국민족문화 대백과사전 참고. http://encykorea.aks.ac.kr/Contents/Item/E0068258.

조합연맹이 탄생했다. 독재정권이 언론을 탄압하고 이에 저항한 새로운 언론이 문을 열기도 하면서 두 권력 사이의 관계는 보다 복잡하게 변화했다.

하지만 권언유착의 그늘은 짙었다. 1990년대 초 중반까지만 해도 국회의원이나 정부, 국가정보원 같은 권력 기관이 아주 작은 언론사의 보도까지 신경을 썼고 직접 해명을 해 오기도 했다. 권력자가 '지켜보고 있다'는 신호를 주는 것은 취재 활동을 위축시키는 협박 또는 압박이었지만, 언론과 저널리스트의 구실을 중요하게 여기는 일종의 인정이기도 했다. 언론과 권력은 한 배에 탄 적이자 동지였고, 적대적 공존 관계였다.

언제나 뉴스 프로그램과 신문의 앞자리를 차지하는 정치 보도의 상당 부분이 한국 사회 권력의 정점인 정부에서 나온다. 정부는 기자실을 마련해 주로 대변인이나 핵심 관계자 등을 통해 입장을 발표하고 이를 출입 기자들이 보도하는데, 정부에서 본격적으로 여러 매체에 문호를 열어 출입기자 범주를 넓히기 시작한 것은 김대중-노무현 정부 시절이었다. 1998년 4월, 김대중 대통령은 취임한 지 채 두 달이 안 되었을 때 잡지사로는 처음으로 월간《사회평론 길》과 인터뷰를 가

이유진

졌다.[3] 본인에게 비판적인 의견을 적지 않게 내놓았고 사회적 영향력도 크지 않은 비주류 시사월간지와 인터뷰를 허락한 일은 그의 배포와 관용을 보여 주는 사례였다.

2003년 2월 임기를 시작한 노무현 대통령은 언론과 가장 큰 싸움을 벌인 권력으로 기억된다. 그는 2007년 1월 '몇몇 기자들이 죽치고 앉아 담합'하며 기사 흐름을 주도하고 있다는 내용으로 발언해 언론들의 집중포화를 받았다.[4] 그는 이튿날 언론사 보도국장들과 만나 거친 표현을 쓰게 된 이유에 대해 설명했지만 언론의 획일적인 보도가 잘못되었다는 자신의 의견까지 굽히지는 않았다. 정책을 국민들에게 제대로 전달하지 않는 언론에 분명한 항의의 메시지를 전달한 것이다. 롤러코스터 같았던 그의 삶과 죽음은 뉴스 생산자로서 저널리스트의 자격에 대한 대중적인 회의를

---

[3] 구영식, 「김대중 대통령 특별인터뷰: 새 정부는 '실업대책 내각' 이란 자세로 임하고 있다」, 《사회평론 길》 제98권(1998년 5월호), 30~37쪽.
[4] 이때 노무현 대통령은 정부가 발표한 '국가비전 2030에 부응하는 건강투자전략'에 대한 언론의 보도 태도를 비판했고 국무위원들에게 기자실의 기사획일화 및 담합실태를 조사해 보고하라고 지시한 바 있었다.

가져온 매우 큰 사건이었으며 기존 레거시 미디어에 대한 급격한 불신을 가속화했다. 그 뒤 2014년 세월호 참사 보도를 거치며 기자를 가리키는 멸칭인 '기레기'가 자리 잡는다.

인플루언서 대 저널리스트

새로운 디지털 매체가 창간할 때마다 '뉴스'와 '저널리스트'의 정의는 격하게 흔들렸다. 2000년 2월 창간한 오마이뉴스는 '모든 국민은 기자다'라는 모토 아래 '시민참여 저널리즘'의 정체성을 분명히 했다. 저널리스트의 자격 기준을 완화하는 이런 움직임은 뉴스 생산자와 소비자의 경계를 무너뜨리는 분명한 신호였다. 이때부터 현장에서 셀러브리티를 따르던 충성도 높은 팬이거나 시민단체 집회에 즐겨 얼굴을 보이던 일반 시민들이 '시민기자'가 되어 카메라와 녹음기를 들고 현장을 누비는 모습을 종종 만날 수 있었다. 이들은 언론사에 채용되어 있진 않았지만 언론사에 기사를 제공할 수 있었다. 또한 1960~70년대 가짜 신분증을 달고 출입처를 오가거나 이익단체 기관지 소속으로 취재처

이유진

에서 융숭한 대접을 받으며 촌지를 뜯던 '사이비기자'
들과도 뚜렷하게 달랐다.

2007년 아이폰 등장 이후 스마트폰이 대중화하
고 디지털 네트워크가 강력한 여론 형성의 장이 되면
서 뉴스의 개념도 크게 변했다. 유튜브는 1인미디어의
입지를 강화했고 이제 콘텐츠를 만드는 인플루언서는
'정보'와 '뉴스'의 경계를 허물며 저널리스트보다 더한
영향력을 가질 수 있다는 점을 입증하고 있다. 인플루
언서는 "디지털 미디어를 통해 타인에게 영향력을 미
치며 팔로워를 다수 보유한 셀러브리티"이면서, "콘텐
츠를 유통하는 플랫폼을 통하여 자신의 메시지를 전달
하는 이"를 가리킨다.[5] 미디어의 주목을 받으며 문화
적 의미를 생산하고 협상하는 장소인 셀러브리티 개념
과, 타인에 영향을 미치는 뉴스 생산자 또는 전달자 개
념을 모두 포함한다고 할 수 있다. 기존 셀러브리티가
신문, 방송, 잡지 등 기성 미디어를 통해 영향력을 유
지하고 전파한다면, SNS(Social Network Service, 사회

[5] 김은재. 황상재, 「인플루언서 마케팅에서 정보원 유형과 경제적 대
가 표시에 따른 광고 효과 연구: 유튜브 플랫폼을 중심으로」, 《한국디지
털콘텐츠학회 논문지》 제20권 제2호(2019), 297~306쪽.

관계망서비스)를 통해 성장한 일종의 '마이크로 셀러브리티'인 인플루언서는 자신의 스피커를 통해 구/독자들과 직접 만난다는 차이가 있다.[6]

이에 견줘 "숙련된 직업전문주의, 취재원과의 배타적인 만남에서 얻는 정보 습득, 폐쇄적이고도 제도화한 과정으로 뉴스를 만들고 여론 형성을 주도하는"[7] 저널리스트는 길고 험난한 숙련 과정을 거쳐 전문가로 성장한다. 또 보도 과정에서 사실과 메시지를 정교하게 조절하고 취사선택하는 여러 단계의 게이트키핑(gatekeeping)을 반복적으로 경험하면서 뉴스 생산자로서의 자부심과 책임감을 동시에 갖게 된다. 이렇듯 저널리스트의 엄격한 자격 기준이 지금은 "보고 듣고 말할 것이 있으면 누구나 저널리스트가 되는" 세상 속에서 요동치고 있는 것이다.[8] 박구용 전남대 철학과 교수는 시민들이 "교양 언어"가 아닌 "일상 언어"

---

[6] 셀러브리티의 정의에 관해서는 그레이엄 터너, 권오현, 심성보, 정수남 옮김, 『셀러브리티: 우리 시대 셀럽의 탄생과 소멸에 관하여』(이매진, 2018) 참고.

[7] 김경모, 「새로운 저널리즘 환경과 온라인 뉴스 생산: 전통과 변화의 경계」, 《언론정보연구》 제49권 1호(2011), 7~37쪽.

[8] 위의 글.

이유진

의 담지자로서 인정투쟁을 하게 되었으며 기존 언론이 제시한 언어와 담론의 권위를 인정하지 않는 방식으로 "미디어 권력의 교체"를 주도한다고 분석했다.[9]

사실 미디어 현장의 모든 영역에서 이런 변화가 실감나게 와 닿지는 않는다. 지금도 정부 출입기자단과 스포츠 기자단 등 상당 부분 취재 접근성에서 높은 장벽이 존재하기 때문이다. 하지만 정부가 '승인'하는 언론인의 범주가 시대에 따라 바뀌었듯 다양한 취재처에서 '미디어'의 자격 기준을 완화하고 있는 것도 사실이다. 예를 들어 영화 분야에서 '영국남자' 같은 인플루언서들은 기성 언론 못지않은 대접을 받는다.[10] 영화 시사회에 인플루언서가 언론사 기자들과 동등하게 초대받는 일도 드물지 않다. 한 일간지 문화부 기자는 "특정 매체의 시각이 스며 있거나 기사 문법을 중시하는 기자들보다는 일반인들이 쓴 글에서 진정성이 더

[9] 박구용, 『문파, 새로운 주권자의 이상한 출현』(메디치미디어, 2018).
[10] 박서연, 금준경, 「영화 기자보다 영국남자 먼저 찾는다」(《미디어오늘》2020년 2월 23일 자).
www.mediatoday.co.kr/news/articleView.html?idxno=205356

많다고 느끼는 것 같다."라고 말했다. 이 '진정성'이야 말로 인플루언서들이 사랑받는 이유 가운데 하나인데, 구/독자들로 하여금 기존 미디어의 이해관계나 지향과 관련 없이 솔직하고 사실에 가까운 정보 전달을 할 것이라는 기대감을 갖게 하기 때문이다.

　유튜버들이 맹활약하고 있는 정치 보도면에서도 신생 매체인 노무현재단, 신의한수, 비디오머그, 팬앤드마이크 정규재TV, 딴지방송국 등은 유튜브 뉴스채널 구독자 수 상위권에 랭크돼 있다.[11] 정치권에서도 변화가 있어 미래통합당은 당 주요 행사에 유튜브 생중계를 허용한다. 유튜버의 국회나 정당 출입을 놓고 종종 다툼이 벌어지기도 한다. 이들을 새로운 매체의 저널리스트로서 인정해야 한다는 목소리와 가짜뉴스 양산 등 부작용이 많고 검증되지 않아 위험하다는 의견이 맞붙고 있다.[12]

[11]　정철운, 「'유튜브 저널리즘'의 시대가 오고 있다」(《미디어오늘》 2019년 7월 28일 자).
www.mediatoday.co.kr/news/articleView.html?idxno=201463
[12]　김인엽, 「뒷북정치: 난리난 국회, 특수 누린 '유튜버'」(2019년 4월 28일 18:00 등록).

인플루언서들은 기존 언론사 저널리스트들의 주요 취재원이자 동료가 되기도 한다. 이를 검토하려면 1990년대 중후반으로 되돌아가 볼 필요가 있다. 바로 미디어의 일방적인 뉴스 전달이 수용자와의 상호작용으로 바뀌기 시작했던 시기다.

디지털 기술의 발전은 기존 언론 현상을 전면적으로 흔든 가장 큰 계기로 세계 미디어 역사에도 거대한 변화를 가져왔다. 미국에서는 1995년 3월 CBS 매점 점원 출신의 고졸 매트 드러지(Matt Drudge)가 정치, 연예, 사회 분야 기사를 선별해 헤드라인을 달고 링크를 걸어 독자에게 제공하는 《드러지 리포트》를 창간했다.[13] 이 매체는 클린턴 전 대통령의 성추문을 특종 보도한 것으로 유명해졌다. 한국에서는 이와 비슷한 성격의 뉴스 패러디 매체인 《딴지일보》가 1998년 7월 4일 창간했다. 이 매체는 근엄한 정치인들의 얼굴을

www.sedaily.com/NewsView/1Vl1lC3SVB
[13] 라이언 홀리데이, 한재호 옮김, 『나는 미디어 조작자다』(2019, 뜨인돌) 블로그 설명 부분 참고.

우스꽝스럽게 합성, 콜라주해 조롱하는 한편 '성역' 같던 기성 언론에 과감한 독설을 퍼붓는 등의 시도로 충격을 던졌다. 창간 두 달여 만에 100만 명이 접속한 《딴지일보》를 두고 초기부터 "문화적 사건"이라며 사이버공간의 대안매체로서 가능성을 긍정적으로 평가하는 목소리가 높았다.[14] 《딴지일보》가 독설과 풍자로 기존 언론이 하지 못했던 카타르시스를 제공한 것은 분명하지만, 언론의 가장 중요한 가치인 신뢰성을 담보하기는 어렵지 않느냐는 시각도 있었다. 기존 언론을 대체하는 "시민권력으로서 저항성"과 함께 "지배적인 성차별적 담론"을 보인다는 평가도 나왔다.[15]

  2000년대 초 닷컴 열풍 속에 등장해 지금까지 활동 중인 '넷페미' 또한 기억할 필요가 있다. 이들은 기성언론의 남성중심성과 차별적인 대안언론으로서 웹진이나 디지털 미디어를 만들어 활동하며 여성주의 담론을 주도적으로 생산하고 기존 언론에도 적지 않은 영

[14] 홍성태, 「웹진의 매력, 그 황홀한 가능성: 《딴지일보》의 경우」, 《문화과학》 제20권(1999년 12월호), 231~256쪽.
[15] 금희조, 「사이버 패러디신문 정치인 관련 기사의 담론: 딴지일보 서사분석과 담론분석을 중심으로」, 《사이버커뮤니케이션학보》 제4호(1999), 41~72쪽.

이유진

향을 끼쳤다. 1998년 창간한 달나라딸세포, 2000년 웹진으로 출발해 커뮤니티 사이트로 변모한 언니네 등이 대표적이다.[16] 2003년 5월1일, 여성주의 저널을 표방하며 창간한 인터넷미디어《일다》는 페미니스트 저널로서 지금까지 꾸준하고도 깊이 있는 담론을 선보이고 있다. 그 밖에 온라인 여초 커뮤니티 '삼국카페'(쌍화차코코아, 화장발, 소울드레서) 회원들은 2008년 광우병 소고기 수입 반대 시위 시기에 기성 매체의 성차별적 담론을 비판하거나 보수적인 언론을 견제하고 진보적인 언론을 지지하는 소비자 활동을 벌인 것으로도 유명하다.[17]

넷페미의 활약은 2015년 전후 인터넷을 중심으로 한 페미니즘 운동 흐름인 '페미니즘 리부트'와 맞물리면서 또 다른 효과를 낳았다. 여성주의 연구활동가 권

---

[16] 권김현영, 손희정, 박은하, 이민경, 『대한민국 넷페미사』(나무연필, 2017) 참고.
[17] 당시 여초카페 회원들은《한겨레》에 수박과 김밥, 햄버거 등 간식을 보내 지지와 성원을 표하곤 했다. 그들은 올바른 소비자 주체성을 발휘하고자 친환경 농산물을 재배하거나 정치적 올바름을 실천하는 상점에서 식품을 구입했다. 나는 '배운녀자'라고 정치적 메시지를 담아 써 보낸 그들의 스티커를 랩톱에 붙여 놓고 오랫동안 기억했다.

인플루언서와 저널리스트
사이에서 발생하는 긴장을
단순히 '기레기' 같은
멸칭이나 '팔이피플',
'관종'이라는 적대로
환원할 수 없다.

이유진

저널리스트는 인플루언서와
친분을 쌓아 구/독자가 많은
1인 미디어에 출연하고,
인플루언서는 매체의 인정을
받아 더욱 영향력을 넓힌다.
저널리스트가 인플루언서가
되고, 인플루언서가
다시 저널리스트가 되는
상호 방향성 속에 놓인
것이다.

김현영과 '페미니즘 리부트' 명명자인 문화평론가 손희정, 그리고 여성주의 작가이자 번역가인 이민경은 페미니즘 시대의 대표적인 여성 인플루언서다. 이들은 SNS에서 팔로어들을 보유하고 중요한 발언을 이어가는 한편 《한겨레》, 《경향신문》, 《한국일보》 등에서 중요한 칼럼니스트로 활약하고 있다. '디지털 페미니즘 시대'는 기성 언론들도 대안매체 실험에 나서도록 했는데 《중앙일보》의 '듣똑라'와 《한겨레》의 젠더 버티컬 매체 '슬랩' 등이 한 예다. 여성 구/독자들은 언론이 더 이상 무시할 수 없는 세력이 되었기 때문이다.

"무슨 생각을 하고 계신가요?"

이제 저널리스트들은 소속 매체를 뛰어넘어 자기만의 진지를 구축하며 대중적 평판을 높이는 전략을 채택하고 있다. 이는 매체로서도 권장하는 바다. 기자도 열성팬을 거느려야 한다며 "미디어도 일종의 팬 비즈니스"가 되었다는 말까지 나온다.[18] 포털사이트 네이버

[18] 김고은, 「매체 아닌 기자를 구독, 미디어 새 패러다임」, 《한국기자협회》(2020년 4월 14일 22:27:53 등록).

는 2016년 7월 기자페이지 구독서비스를 오픈해 특정 기자의 기사를 소비자에게 적극적으로 연결한다. 회사 쪽 집계를 보면 구독자가 많은 기자는 중앙 종합일간지 기자가 아니며, 기자들도 소속 매체의 규모와 무관하게 온라인에서 경쟁을 벌인다. 뉴스의 생산과 전달을 자임하던 저널리스트들은 '무슨 생각을 하고 계신가요?'라고 묻는 SNS에 뛰어들어 각자의 계정에서 자기 기사를 링크하며 조회 수를 높인다. 저널리스트가 셀럽 또는 인플루언서가 되는 일은 드물지 않다. 영화기자 출신 이동진, 주간지 기자 출신 주진우, 방송사 PD 이욱정이 대표적이다.

여기까지 살펴본 바와 같이 인플루언서와 저널리스트 사이에서 발생하는 긴장을 단순히 '기레기' 같은 멸칭이나 '팔이피플', '관종'이라는 적대로 환원할 수 없다. 기성 언론과 대안 언론은 서로 악어와 악어새처럼 점점 더 긴밀하게 얽히고 있기 때문이다. 저널리스트는 인플루언서와 친분을 쌓아 구/독자가 많은 1인 미디어에 출연하고, 인플루언서는 매체의 인정을 받아 더욱 영향력을 넓힌다. 저널리스트가 인플루언서가 되고, 인플루언서가 다시 저널리스트가 되는 상호 방향성 속에 놓인 것이다. 둘의 처지는 언제 뒤바뀔지 모른다! 좀 더 정확히 말하자면 오늘날 특정한 보도를 진짜 '뉴스성 있는 뉴스'로 완성시키는 것은 인플루언서다. 충성도 높은 구독자를 거느린 SNS 유저 한 명이 디지털 네트워크 안에서 특정 뉴스를 논평하며 언급했을 때와 그렇지 않을 때 조회 수에서 엄청난 차이가 있다. 기사가 폭발적으로 공유되고 읽히며 '진짜 뉴스'가 되는 티핑 포인트를 만드는 데 인플루언서가 크게 기여하는 셈이다.

앞으로 복잡하지만 가치 있는 뉴스가 점점 대접을 받지 못하는 현상이 가속화하고, 가짜뉴스로 대표되는 게이트 키핑 없는 시대의 부작용 또한 커질 것은 분명하다. 한편 미셸 푸코가 말한 "금지되고 배척되었던 담론적 압박"에서 풀려나 다양한 매체에서 금기 없이 더 많은 이야기를 자유롭게 할 수 있는 시대가 가져온 카타르시스와 해방감 또한 중요하다.[19] 이런 디지털 네트워크 환경에서 뉴스의 다양성을 어떻게 확보할 수 있을까? 현장의 증인으로서 저널리스트들의 고민이다.

[19] 미셸 푸코, 이정우 옮김, 『담론의 질서』(새길, 1992, 2011).

이유진

네임드 유저의 수기

학부에서 영화와 철학을 공부했다. 2020년 부산일보 신춘문예를 통해 평론을 발표하기 시작했으며 온갖 것에 말을 얹는다.

윤아랑

[주요어] #네임드유저 #비평가의임무 #권위의몰락

[분류] 인문예술 > 영화비평

신춘문예에 당선되어서 막 평론가로 데뷔한 사람이 이런 말을 하면 우습고 어이가 없을 게다. 그래도 말을 꺼내 보자면, 상을 주고받는 것으로 이른바 문화(그것이 문학이든 미술이든 영화든)를 존속시킨다는 이야기는 이제는 얼토당토않은 이야기다. 공모전이라는 제도[1]의 문턱을 넘은 이들에게 상과 작가라는 이름표를 나눠

[1] 이 글에서 나는 제도라는 개념을 구체적, 물질적으로 실재하는 문화산업적 구조가 아니라, 특정한 능력을 물화된 자격으로 전환하는 문화적 힘을 지시하기 위해 사용한다. 이는 피에르 부르디외가 「자본의 형태(*The Forms of Capital*)」(1986)에서 문화적 양식의 격차로부터 발생하고 또 그 격차를 발생시키는 문화자본의 세 가지 현시 유형 중 하나로 "제도화된 상태(institutionalized state)"를 거론하는 데서 따온 것이다. 이 제도란 그 자체로 부정되고 기각되어야 할 대상이라기보다는 쇄신되고 재발견되어야 할 대상이다.

주고 여기저기에 소개해 작품을 생산할 수 있도록 원조하면서 시장을 활성화하는, 이른바 문화가 돌아가고 존속하는 기존의 방식이란 크게 보면 거의 한계를 맞이했다는 게다. 그게 '새로운 미적 흐름'을 만든다는 딱딱한 착각이 부식되었다고 말해도 되겠지만, 하여튼 그렇다. 영화비평도 예외가 아니다. 아니, 걸핏하면 '속물', '허세', '기생충' 등 비난의 대상이 된다는 걸 떠올리면 영화비평의 경우야말로 대표적인 사례인 듯하다.

　당신은 짜증을 내며 책을 덮거나 다음 글로 넘어가려 할지도 모른다. '또 비평이 몰락했느니 뭐니 하는 소리를 늘어놓으려고?'라고 생각하면서. 물론 그런 뻔하고 지루한 말을 마냥 반복할 생각은 없다. 다만 당신의 추측은 반은 (얼추) 맞고 반은 (많이) 틀린데, 한 개인이 상과 이름표를 분배받는다 한들 길거리에서 그의 의견을 나르는 스피커의 볼륨은 다른 이들의 것과 엇비슷하리란 게다. 여기서 '다른 이들'이 누구인지는 당신도 바로 눈치챘으리라. 블로거들과 영화 커뮤니티, SNS 유저들.《한편》이 제시한 주제에 따라 바꿔 말하자면, 영화에 관해 온라인상에서 영향력을 발휘하는 인플루언서들의 대두. 즉 비평가의 권위의 몰락. 여기에 곧장 질문이 따라온다. "왜 이렇게 됐을까?"

'욕망'과 '잠재'의 정체

"왜 이렇게 됐을까?" 한예종 영상이론과 출신 필자들이 결성한 영상비평지 《마테리알》의 편집인 정경담은 이 질문으로 시작하는 글인 「00년대부터 지금까지」에서 그 과정에 대하여 적당히 설명하려 한다. 그는 영화평론가라는 이름표의 권위가 무너지는 초기 과정(비평을 싣던 다수의 잡지의 폐간과 소위 「디 워」 사태 이후 "스노비즘의 대명사"가 된 영화평론가)과 그것을 돌파하고자 했던 몇 가지 시도들(오프라인 계간 잡지들과 무수한 웹진의 출몰), 그리고 영화에 관련된 인플루언서들과 그들이 적을 두는 플랫폼(팟캐스트, 유튜브, 왓챠)이 영화를 논하는 환경을 변화시키는 양상을 스케치한다. 그런데 이 글은 앞서 제기한 질문에는 제대로 대응하지 않는 듯하다.

그러나 이러한 현상 이면에 대중들이 영화에 대한 담론, 특히 비평 담론을 직접 생산하고자 하는 어떤

한 욕망이 기거하고 있으며, 이 무의미해 보이는 한 줄평의 홍수 속에서 새롭고 진지한 비평으로 향할 잠재 스피커가 발생할 수 있고, 이미 일부에 존재하고 있다는 것을 잊어서는 안 된다. 마테리알은 신춘문예나 극소수의 평론 공모라는 게이트키핑을 통해서만 직업 평론가로서의 상징자본을 쟁취할 수 있다는 문제에 저항하기 위해 시작되었다.[2]

글의 말미에서 정경담은 "욕망"과 "잠재"의 구체적인 정체를 논하는 건 미루고 《마테리알》의 포부를 말하는 쪽으로 서둘러 빠진다. 왜 서두른 것인지 명확히는 알 수 없으나, 이 대목은 나를 거슬리게 한다. "비평 담론을 직접 생산하고자 하는 어떠한 욕망"은 어디에서 온 것이며, 또 "새롭고 진지한 비평으로 향할 잠재 스피커"는 어떻게 그 안에서 발생하는가? 그러니까 "무의미해 보이는 한줄평의 홍수"의 수원지인 왓챠는 무엇의 현상인가? 대답할 사람은 거슬리는 당사자다.

[2] 정경담, 「[한국영화 100주년 특집: 한국 영화비평사 돌아보기] 00년대부터 지금까지」, 《마테리알》 창간호(https://ma-te-ri-al.on-line/01s3).

거칠게 비교해 보자면, 블로그는 이후에 등장한 플랫폼들에 비하면 긴 글을 게재하는 데 적합한 편이다. 반면 페이스북을 비롯한 SNS는 페이지 레이아웃의 단조로움으로 인한 낮은 가독성이나 시청각 이미지의 한정적 게재 등의 요소로 인해 단정적이고 압축적인 정보와 감상의 나열을 유도하며, 왓챠는 SNS 플랫폼의 이러한 특성을 좀 더 '한정적'으로 변이시킨다. 개별 영화와 (유저가 개별 영화들을 묶어 구성한) 컬렉션에만 가능한 별점 매기기나 100자 이내의 코멘트(지금은 무제한으로 바뀌었다지만 이를 만끽하려는 코멘트들은 거의 읽히지 않는다.) 같은 '한정적' 기능은 유저가 자신의 의견을 최대한 단정적이고 압축적으로 표현하도록 유도하는데, 이것이 반복 수행되고 또 다른 유저의 '좋아요'나 댓글 등 SNS적 장치들과 엮이면서, 왓챠 안에서 영화를 논하는 것은 '지적' 오락의 한 갈래로 빠진다. 그 자체가 목적이 된 별점 매기기, 숫자들이 늘어갈수록 그에 비례해 증폭하는 자의식. 그러니까 "'영화 평론가의 일'을 사용자 스스로, 그것도 아주 단순한 드래그 앤 드롭 (……) 한 번으로 모사할 수 있다는 점이 상당한 지적 만족감을 제공하고 있는 것이다."[3]

이리 단언할 수 있는 것도, 내가 2017년까지 왓챠에서 El Topo라는 닉네임으로 소위 네임드 유저로 활동했기 때문이다. 당시 왓챠는 ('영화 자체'에 제대로 된 관심을 기울이지 않는 듯한) 주류 영화 평단과 남성 위주의 영화 커뮤니티에 불만을 갖고 있거나, 긴 글 쓰기를 주저하거나, 인정 욕구가 강한 나 같은 이들의 도피처로는 최적의 플랫폼이었고, 나는 그러한 특성을 적극적으로 이용했다. 미적 자율성에의 몰두를 논하는 동시에 설익은 정치적 기준(가령 정치적 올바름)을 판단 요소로 과도하게 앞세우는 모순된 사고를 바탕으로 그럴듯한 한줄평을 남기거나 다른 유저들에게 댓글로 열심히 시비를 거는 등 신경질적이고 엘리트주의적인 태도로 "영화 평론가의 일"을 "모사"하면서 적잖은 인기를 얻었고, 그 속에서 당시의 나는 스스로가 덜 알려진 좋은 영화를 소개하거나 영화에 대한 논쟁에 끼어드는 등 주류 평단이 (해야 하지만) 하지 못하는 것을 대신해

[3] 같은 글.

서 하는, 말하자면 대안적 아마추어 비평 비슷한 걸 하고 있다는 자아도취에 빠졌다.

하지만 그런 자의식이 최고조에 이르러, 당시 내 기준에 '천박'한 영화들을 담은 컬렉션을 만들고 거기에 '이따위 영화들을 지지하는 이와는 어떤 대화도 불가능하리라.'[4]라는 소개 멘트를 쓰는 무지막지한 '어그로'를 끌었을 때 (당시엔 '아직' 유명 블로거였으나 지금은 '공식'인) 영화평론가 김병규를 비롯한 여러 유저들에게 속된 말로 두드려 맞게 되었다.('영화는 폭력 묘사나 도덕적 선동을 아예 배제해야 하나? 그렇다면 아예 영화는 존재하면 안 된다고 주장하라.') 어거지로 반론을 이어 가던 나는 결국 컬렉션을 지우고 점점 왓챠를 멀리하게 되었고, 그러면서 팽창할 대로 팽창한 자의식 역시 자연스레 사그라들어 갔다.

무엇이 문제였나? 지금 시점에서 돌이켜 보면 왓

---

[4] 이는 프랑스의 비평가이자 영화 감독인 자크 리베트(Jacques Rivette)가 저 유명한 평문 「천함에 대하여(De l'abjection)」에서 쓴 비난적 수사를 무맥락으로 따라한 것이며, 해당 글의 한역본은 영화 평론가 세르주 다네의 인터뷰집 『영화가 보낸 그림엽서』(정락길 옮김, 이모션북스, 2013) 부록과 영역본을 중역한 한 블로그(https://jew-halewhile.tistory.com/5)에서 읽을 수 있다.

챠에서의 나의 활동이, 나아가 왓챠라는 플랫폼이 내 불만의 대상이었던 주류 평단/커뮤니티를 실상 거의 반복하고 있었다는 게 문제였다. 아니, 이렇게 표현하는 건 적절치 않다.

'제도'로부터 비평가란 이름표를 나눠 받았던 이들이 그 이름표에 걸맞게 "위기를 진단하기 위해 위기의 끝에서 첨병이 될 것을"[5] 기꺼이 자처했는가? 오히려 많은 비평가들은 다수의 왓챠 유저들과 별반 다르지 않게 이론('푸코에 따르면~')과 감상('눈물을 참을 수 없는~')과 윤리('원시적 열정~')을 오남용하는 글을 양산했고, 또 하고 있으며, 그 대상 역시 개별 혹은 아트하우스/영화제 용 등 좁은 범위의 영화들에만 한정하고 있다. 위기와는 상관없는 안전함. 그러니까 많은 이들이 외면하는 잔인한 사실은, '제도'의 수혜를 받은 다수의 '공식' 비평가가 '일개' 왓챠 유저보다 흥미로운 의견이나 전문적인 관점을 제시하지 못한다는 것이다. 정경담의 지적처럼 리뷰와 비평의 구분이 모호해졌다면, 둘을 먼저 분간하지 못한 건 대중이 아니라 비평가

[5] 남웅, 「A/S: 시대착오적 지원 동기와 그 후기」, 《미술세계》(2019년 8월호), 137쪽.

들이 아니었을까? '나도 할 수 있다'라는 인플루언서들의 자의식 앞에는 아마 이런 말이 괄호 쳐져 있을 것이다. '저런 사람도 하는데.'

물론 문제가 그저 글의 수준에 그쳤다면 이렇게 글을 쓸 필요는 없을 게다. 정성일 평론가는 「모두의 영화 비평 시대」라는 글에서 "별점의 비평"을 비판하며 다수의 유저들에겐 스스로가 쫓는 네임드 유저에 대한 존중이 없고 "자신의 주인을 바꿀 준비가 언제든지 되어 있다."[6]라고 쓰지만, 사실 이는 그를 쫓거나 쫓았던 시네필(영화광)들에도 정확히 겹쳐지는 말이다. 《마테리알》의 창간 기념 토크 '비평의 비평'에 초청 패널로 참여한 김태원은 진중한 시네필들에게서도 주인에 대한 속물적 추구를 발견할 수 있다고 지적한다. "가령 네이버 블로거 '클지선'은 네이버 블로거와 트위터 유저의 이런저런 '베스트 영화 리스트'를 모은 다음 제시하는 일을 즐겼는데, 실상 《필로》 필진이 당시에 언급한 영화에서 벗어나지 않는 리스트가 과반이다."[7](이

[6] 정성일, 「모두의 영화비평 시대」, 《GQ》(2017년 9월호).
[7] 김태원, 「정면교사?」, 《마테리알》 '비평의 비평' 토크(2019년 11월 8일) 기록(https://ma-te-ri-al.online/INTRO/vie w/1318784).

대목에서 내가 심히 찔렸다는 걸 분명히 해야겠다.)

자크 라캉은 자신의 일곱 번째 세미나 『정신분석의 윤리』에서 인간 주체에게 고유한 잔혹과 분열의 원인으로 통제 기능을 제대로 수행하지 못하는 상징적 아버지를 지목한 바 있다.[8] 여기에서 서로 대립하는 상징적 아버지와 인간 주체는 그저 후자가 전자를 시차 속에서 반복한 결과에 불과하다.(「백종원의 골목식당」이나 「개는 훌륭하다」 같은 TV 프로그램들이 해결하려는 게 바로 이 문제다. 백종원과 강형욱은 상징적 아버지, 즉 질서가 부재함을 지적하고 이를 메타적으로 교정하는 역할을 한다.) 나는 이 생각을 지금의 논지에 연결시킬 수 있다고 보는데, 다만 아버지와 인간 주체를 평단과 왓챠 유저에 일대일로 대응시켜 그대로 해석하려는 게 아니다. ('통제' 가능 여부를 생각할 때 그건 어리석은 짓이다.) 두 쌍은 모두 어긋난 반복의 관계라는 구도를 그리며, 그 반복 속에서 전자의 모순이 드러난다는 점 때문이다. 즉 자의식으로 점철된 왓챠 유저들은 자신의 앞

[8] Jacques Lacan, *The Ethics of Psychoanalysis(Seminar Book VII*, 1959~1960), trans. Dennis Porter(Norton, 1986).

　　　　　윤아랑

에 있는 전반적인 한국 영화비평의 제도와 시네필 커뮤니티의 모순을 체현하고 또 들추는 비틀린 거울이라 할 수 있다.

인플루언서의 조건?

나는 모든 게 다수의 비평가들 탓이라 할 생각은 없다. 그렇다면 가짜 뉴스의 범람, 취향의 도덕화, 모든 문화적 생산물의 콘텐츠화 등 (영화 바깥의) 수많은 기성 제도들의 경계가 흐물흐물해지는 작금의 현상들, 내 식으로 말하자면 삶의 전지구적 유연화라는 커다란 역학적 요소를 모른 체하고 동료들을 까 내리기만 하는 게 으르고 비열한 내부자가 될 테니까. (애초에 "왜 우리는 대중과 멀어졌을까요?"라는 질문 자체가 가짜 문제다.) 하지만 이렇게 말할 순 있을 게다. 비평의 제도는 애초부터 한참 어긋나 있었고, 그게 유연화의 흐름 속에서 마침내 가시화된 거라고.

달리 말해 인플루언서들이 등장하면서 질서정연한 제도에 금이 가기 시작했다는 인식은 틀렸다. 유튜브 같은 창구를 통해 인플루언서가 되기로 한 기존의 연예인들을 떠올려 보라. 유행에의 편승 같은 현상을 걸어 내고 그 중핵을 향할 때 우리는 기성의 공적 미디어의 문턱에 대한 불만('나는 방송을 하고 싶은데 할 수가 없다.', '내가 할 수 있는 걸 여기에서는 제대로 못한다.')을 표출하고 해소하려는 심리와 마주한다. 요컨대 제도가 변화하는 환경 속에서 통제력을 잃어 갈 때 인플루언서들이 등장한 것이다. 고로 인플루언서를 무한한 자유의 장을 누비는 중간 소비자 혹은 단속해야 할 비전문가로만 따지는 것은 모두 어긋난 관점이며, 그보다는 기존의 제도로는 온전히 통제할 수 없는 영역이 나날이 늘어 가고 있음을 과시적으로 보여 주는 행위자들이라 보는 게 정확할 게다.

이쯤에서 왓챠 유저였을 적의 내가 징후적인 존재였음을 인정할 수밖에 없다. 내가 역사의 흐름에 기여했다 말하려는 게 아니다. 하지만 이른바 '페미니즘 리부트' 이후 (나와 어떤 접점도 없음에도) 정치적 올바름을 절대적 기준으로 삼아 영화를 논하는 이들이 급격히 늘어난 걸 생각하면, 영화 관람 문화의 한 측면에서 행위자 중 하나로 내가 잠시 무대에 올랐었다고 말할 수는 있으리라. 당시 나의 모든 행위는 내가 대안적 아

윤아랑

마추어 비평이라고 예상한 것과는 달리 영화를 논하는 것의 유연화를 촉구하고 있었다.

잠깐, 앞의 연예인 비유를 거꾸로 뒤집어 보자. 가령 자신의 활동 영역에서 아주 유명해져 그 명성이 기존 연예인들과 비교할 수 있을 정도가 된 몇몇 인플루언서들은 종종 게스트/패널 딱지를 단 채 TV 예능으로 향한다. (대도서관, 도티, 감스트, 고몽, 입짧은햇님, 펭수……) 어째서 이들은 행동의 상대적 제약을 감수하면서까지 TV로 향할까? 수많은 인플루언서와 미디어가 도처에 즐비하게 늘어서고 흥미로운 콘텐츠를 양산하면서 기성 미디어 역시 '원 오브 뎀(one of them)'에 불과해졌다 한들 거기에 축적된 권력과 자본과 명성이 동시에 무너지는 건 아니기 때문이다. 물질적인 시차가 상황을 구부린다.

작가이면서 인플루언서이기

'누구든 ~을 할 수 있다'는 말은 콘텐츠의 생산 및 유통이 고도로 대중화되는 흐름을 지시하는 말이지만, 그 안에는 목적어의 자리에 들어갈 것이 여전히 특권

인플루언서는 그저
인플루언서에 머물 생각이
없다. 웬만큼 궤도에 오른
인플루언서들은 기존 권력을
대신할 권력으로 나서게 되며,
이때 제도는 인플루언서들을
인정하고 정당화하는
최종 심급의 역할을 떠맡는다.

윤아랑

역설적이게도 기성 미디어는
자신의 근간을 위협하는
그 원인 덕분에 권위를
일부 회복하는 것이다.

적인 의미를 갖고 있다는 의식이 숨어 있다. 그 누구도 '누구든 숨을 쉴 수 있다'고 굳이 말하지 않는 것처럼 말이다. 인플루언서는 그저 인플루언서에 머물 생각이 없고, 또 남들이 그렇게 놔두지도 않는다. 자의로든 타의로든 웬만큼 궤도에 오른 인플루언서들은 대안적 권력으로, 보다 명확히 말해 기존 권력을 대신할 권력으로 나서게 되며, 이때 제도는 축적된 것들 덕분에 인플루언서들의 인기를 인정하고 정당화하는 최종 심급의 역할을 떠맡는다. 역설적이게도 기성 미디어는 자신의 근간을 위협하는 그 원인 덕분에 (상상적으로라도) 권위를 일부 회복하는 것이다. 이는 기존의 엘리트주의자들이나 지망생들만으로는 더 이상 제대로 돌아가지 않을 제도를 위한 새 톱니바퀴가 되어 제도를 부당하게 재특권화한다. '기성'과 '대안'의 기괴한 꼬리 물기.

이 상황의 가장 가까운 사례는 바로 여기에 있다. 인플루언서에서 시작해 신춘문예라는 문턱을 넘어서 지금 이 글을 쓴 나 말이다. '인플루언서는 그저 인플루언서에 머물 생각이 없다'는 말 역시도 경험에 기반을 둔 단언이다. 한번 제도의 영역 안으로 발을 내딛은 이후에는 제도만이 그 안으로 들어온 이를 불안정하게

나마 포용해 주는 것이다. 그런데 왓챠를 그만두고 '공식'이 됐다 해서 내가 더 이상 인플루언서가 아니게 된건 아니다. 그 이후에도 트위터와 브런치 같은 공식 지면 바깥에서 지속적으로 의견을 게재하고 퍼 날랐다는 점에서 나는 여전히, 앞으로도 인플루언서인 게다.

　　이는 비단 나에 한정된 경험은 아닐 텐데, 현재 활동하는 (영화 비평가를 포함한 다방면의) 작가들 중 SNS를 이용하지 않는 이는 거의 없기 때문이다. 작가이면서 인플루언서이기. 그 목적이 자기 표현이든 자기 PR이든 상관없이, 작금의 작가란 이 역설을 피하기 어렵다. 아니, 듀나나 비평고원[9] 같은 20년 전의 사례들을 떠올리니 그건 역설이 아니라 이미 조건이다. '할 수 밖에 없는' 조건. 여기서도 기존의 제도로는 온전히 통제할 수 없는 영역이 나날이 늘어가고 있음을 당신과 나는 본다.

[9] http://cafe.daum.net/9876. 2000년에 포털사이트 다음에 개설된 온라인 인문학 커뮤니티로, 다양한 직종의 회원들이 서평을 비롯한 다종다양한 글을 올리고 논쟁을 벌이면서 2000년대 초중반 남한 지식 시장에 지대한 영향을 행사했다. 또한 다수의 비평가, 이론가, 번역가 등을 배출하기도 했는데, 대표적인 회원으로 조영일, 이현우, 복도훈, 이성민, 김남시 등이 있다.

《일간 이슬아》의 진정성

미디어와 문화 현상 뒤에 숨은 사회의 마음에 관심을 두고 연구하고 있는 미디어문화연구자. 연세대 커뮤니케이션연구소 전문연구원으로 미디어·커뮤니케이션 관련 강의를 하는 한편, 시각예술 기획 및 비평을 해 왔다. 계간지 《1/N》에서 에디터로 일했으며, 《한겨레21》의 '마음비추기' 코너에 글을 연재하기도 했다. 근작으로는 『나만 잘되게 해주세요: 자존과 관종의 감정 사회학』(2019), 『디지털미디어와 페미니즘』(2018, 공저) 등이 있다.

강보라

[주요어] #1인구독서비스 #진정성 #자기재현
[분류] 사회학 > 시각연구

인플루언서 혹은
연재노동자의 탄생

2018년 2월, 이슬아가 학자금 대출을 갚기 위해 시작한 《일간 이슬아》는 원하는 이들에게 한 달에 구독료 1만 원을 받고 월요일부터 금요일까지 매일 한 편의 글을 이메일로 보내는 프로젝트였다.[1] 일종의 1인 미디

[1] 일종의 구독 서비스라 할 수 있는 《일간 이슬아》가 세상에 나온 후, 유사한 형태의 《월간 살려줘요 김현진》(김현진), 《앨리바바와 30인의 친구》(이랑), 《매일마감》(이다) 등이 선을 보였다. '일간 이슬아'가 시작되었던 2018년에 크라우드 펀딩을 통해 독자를 모은 《월간 정여울》이 종이 잡지 형식으로 발간되는 등 작가들이 독자를 만나는 방식에 근본적인 변화가 일어나기 시작했다.

어 구독 서비스인 《일간 이슬아》에 대한 대중의 관심이 늘어난 덕분에 그는 목표했던 학자금 대출을 모두 갚을 수 있었고, 그렇게 쓴 글을 모아 출간한 『일간 이슬아 수필집』은 '2018 올해의 독립출판'에 선정되기도 했다. 그림을 그리고, 독립출판사 혜엄을 운영하며 간간이 음악 공연도 하는 그는 2020년 지금 가장 '핫한' 인물 중 하나임에 분명하다.

흔히 떠올리는 인플루언서와는 조금 다른 결을 지니고 있는 이슬아는 그 자체로 하나의 퍼스널리티(personality)[2]이자 현상이라 할 수 있다. 창작자로서 발휘하는 존재감이 이슬아를 이슬아로 인지하게 만드는 주요한 요소인 동시에 그로 인해 파생되는 효과가 적어도 대중문화계에 상당하다는 점에서 그렇다.[3] 새로운 플랫폼의 등장으로 창작의 양식과 유통이 전통적인 그

---

[2] '인격이나 성격'이라는 본래의 뜻과 달리, 대중문화 영역에서의 '퍼스널리티'는 대중에게 특별하게 각인되는 인지적·행동적·감정적 요소를 지닌 존재라는 의미에서 사용된다.

[3] 현상으로서의 이슬아가 영향을 미치는 범주를 '적어도 대중문화계'에 한정한다고는 했으나 이 지점에서 고민이 되지 않는 것은 아니다. 이슬아가 《일간 이슬아》를 만들고 이끌어간 형식이 문학계나 (독립)출판계, 나아가 창작을 하는 모든 영역에 걸쳐 변화를 향한 질문을 던진 것으로 보이기 때문이다.

　　　　　　　　　　강보라

것과 차이를 두는 틈새에서 이슬아는 스스로 '연재노동자'라는 정체성을 부여했고, 유명세를 얻었다. 창작 노동자이자 셀러브리티(celebrity)[4]가 탄생한 셈이다.

　나는 《일간 이슬아》를 중심으로 이슬아라는 인플루언서를 향한 대중적 관심의 형태와 (그) 의미를 가늠하고자 한다. 그중에서도 현상으로서의 인플루언서를 다룰 때, 가장 핵심적인 요소로 간주되는 진정성의 의미를 살펴볼 것이다. 이론적 논의를 위해 미디어 환경의 변동으로 인플루언서와 수용자를 둘러싼 변화 양상을 진정성의 문제를 중심으로 검토하려고 한다. 이어 분석 결과를 토대로 독자들이 《일간 이슬아》의 진정성을 수용하는 맥락을 고찰할 것이다. 이로써 인플루언서가 만들어 내는 진정성의 자장과 그 수용자 간의 역학을 부분적으로나마 파악할 수 있을 것으로 기대한다.

[4]　유명인 등으로도 번역될 수 있는 '셀러브리티'는 사회적 명성과 대중의 관심을 이끌어내는 부류의 사람이나 집단을 지칭한다. 과거에는 신문이나 TV 등의 매스 미디어(mass media)에 의해 '셀러브리티'가 '발굴'되었다면, 오늘날에는 개개인이 소셜 미디어 등을 이용해 스스로 '셀러브리티화'할 수 있는 가능성이 열려 있다는 점에서 차이가 발생한다.

진정성(authenticity)은 철학을 비롯해 정치학, 인류학, 심리학, 법학에서 마케팅까지 다양한 분야에서 오랫동안 논의되어 온 개념이다. '진짜의'란 뜻을 지닌 그리스어 'authentikós'와 '보증된/믿을 만한'이란 뜻을 지닌 라틴어 'authenticus'에서 파생된 단어인 진정성은 해석학적 전통 안에서 '자신에게 온전히 속한 것(mens auctoris)'으로 해석되기도 한다.[5] 진정성 개념은 18~19세기부터 본격적으로 다루어지기 시작했다. 철학자들은 개인이란 무엇인가를 묻는 탐구에서 주관성, 자기실현, 자기구성 등의 개념과 함께 질문을 던지면서 진정성을 주된 논제로 삼았다. 철학사 속에서 진

[5] 라틴어로 mens auctoris는 본래 '원저자의 생각/마음(the mind of the author)'을 뜻한다. 즉 다른 누군가에 속한 것이 아닌, 자기 자신이 떠올린 생각이나 마음으로서 진정성은 '자신에게 온전히 속한 것'으로 볼 수 있다. 그런 맥락에서 그리스 정교에서는 진정성의 어원을 오늘날 (자신이 가진) 저작에 대한 권리를 지칭하는 'authorship'과 (자신이 가진) 타인을 향한 영향력을 의미하는 'authority'와 동일한 것으로 취급하기도 한다. 이 개념들 모두 '자신의 것'에서 출발한다는 공통점이 있다; Robert J. Dostal, "Authority"(pp. 197~204). In: *The Blackwell Companion to Hermeneutics*(John Wiley & Sons, 2016).

정성을 탐구한 찰스 기뇽(Charles Guinon)은 낭만주의적 사조에서 진정성 개념이 전적으로 활용된 것으로 보았다. 말하자면 낭만주의가 예술의 창작이 작가의 감정이나 감각과 직접적인 관련이 있다고 보고, 창작 행위를 진정성의 발현으로 간주한 것이다.[6]

근대 이후로 진정성은 자기 도움 문화(self-help culture)와 정체성 정치(identity politics)라는 두 가지 관점에서 다시 주목을 받는다. 전자는 전통적 사회가 해체되면서 증가한 자기 상실감을 해소하려는 움직임이란 관점에서, 후자는 1960년대 이후 젠더, 인종, 성적 지향 등 집단 정체성을 중심으로 했다는 점에서 진정성을 추구했다. 낭만주의에서부터 자기 도움 문화와 정체성 정치에 이르기까지 '자기다움'에 집중하고자 했던 일련의 시도들은 진정성을 무엇보다 개개인이 가지고 있는 고유한 특성으로 이해했다는 유사점이 있다. 그러나 이와 같이 진정성을 과도하게 자기 의존적 개념으로 확대해 나가다 보면 필연적으로 나르시시즘이나 주관주의와 맞닿게 될 것이라는 우려도 존재한

[6] Charles B. Guignon, *On Being Authentic*(Routledge, 2004).

다. 그런 맥락에서 테일러는 현대의 진정성이 개인의 고유한 속성을 넘어 사회적 관계 안에서 완성되는 것으로 이해하는 편이 바람직하다고 말한다.[7]

디지털 미디어와 네트워크의 결합은 현대의 진정성 개념을 재구성하는 중이다. 특히 인플루언서의 등장을 가능케 한 소셜 미디어는 새로운 진정성의 시대를 만들어 나가는 데 일조했다. 소셜 미디어는 일반인도 얼마든지 셀럽으로 수행할 수 있도록 도왔고, 그런 의미에서 '마이크로 셀러브리티(micro-celebrity)'로 분류되기도 하는 인플루언서는 자신의 삶에 대한 콘텐츠를 편집하고 공유함으로써 그 영향력을 확대해 나갈 수 있었다.[8]

---

[7] 테일러는 현대사회 속 개인주의가 팽배해짐에 따라 사회 구성원의 불안감이 증대한다고 보았고, 이를 해소하기 위한 대안으로 '자기진실성(authenticity)'이 대두했다고 보았다. 자기진실성은 현대 사회의 맥락에서는 자기 자신에게 진실하라는 이상으로, 테일러에 따르면 자아를 실현하기 위해서는 내면의 목소리만큼이나 타인과의 관계에도 귀 기울이는 윤리적 태도가 필요하다. 자기에게 진실하기 위해, 즉 자신이란 존재를 이해하기 위해서 타자와의 사회적 관계가 필요한 것으로 이해하는 것이다. 찰스 테일러, 송영배 옮김, 『불안한 현대사회: 자기중심적인 현대 문화의 곤경과 이상』(이학사, 2019).

[8] boyd, danah, *It's complicated: The social life of networked teens*(Yale University Press, 2014). 대중 일반을 대

인플루언서가 갖는 가장 큰 특징은 이들의 행위가 가시적이고 즉각적이며, 소통 가능하다는 점이다. 거꾸로 보자면 이는 대중의 관점에서 인플루언서가 갖는 특징을 이용해 '상대가 어떤 사람인지 알 수 있다'는 권능감을 가지게 될 수도 있다는 뜻이 된다. 즉 오늘날의 미디어 환경이 가능케 한 가시성, 즉각성과 소통 가능성 덕분에 인플루언서가 탄생할 수 있었는데, 반대로 이들을 지켜보는 이들 사이에 형성되는 정보의 비대칭성 덕분에 수용자는 인플루언서를 향해 우월감을 느낄 수도 있다. 그리고 이러한 인플루언서와 수용자 간의 관계의 중심에는 이전 시대와는 구별되는 '새로운 진정성'이 놓여 있다.

상으로 뉴스, 신문, 잡지 등의 미디어를 통해 영향력을 행사한 기존의 셀러브리티가 매개된 자아, 일종의 비진정성(artificiality)의 표상으로 간주되었다면, 뉴미디어 시대의 마이크로-셀러브리티로서의 인플루언서는 매개 없는 직접 소통을 표방한다는 점에서 진정성의 화신으로 간주되고 있다. 셀러브리티와 진정성 개념의 관계에 관해서는 그레이엄 터너(2018)의 『셀러브리티(Understanding Celebrity)』참조.

진정성 혹은 투명성,
인플루언서의 조건

앞서 살펴보았던 현대 사회의 진정성 개념에서 비판적으로 검토되었던 부분은 바로 '사회적 관계' 안에서 진정성이 실현될 수 있다는 전제다. 그러니까 진정성이란 외부와는 관계없이 자기 내면을 스스로 파고들어 도달할 수 있는 성격의 것이 아니라는 데 강조점을 두는 것이다. 그렇다면 인플루언서와 팔로어 사이에 존재하는 것으로 보이는 '새로운 진정성'은 어떤 종류의 사회적 관계를 상정하고 있는 것일까?

인플루언서의 '반열'에 오르는 데 모종의 기준이 존재할지 모르겠지만, 중요한 건 누구에게나 그 기회가 열려 있다는 점이다. 심지어 어떤 층위와 범주에서 디지털 친밀성(digital intimacy)를 축적했느냐에 따라 인플루언서는 상대적이면서도 자기선언적인 성격을 띠기도 한다.[9] 그런 관점에서 새로운 진정성의 문

---

[9] Marwick, Alice E. & boyd, danah, "I tweet honestly, I tweet passionately: Twitter users, context collapse, and the imagined audience", *New Media & Society* 13.1(2011)

　　　　　　　　강보라

제는 우리 삶의 무게 중심이 디지털 공간으로 옮겨 오면서 변화된 사회적 관계에 대한 상상과 연관을 맺는 것으로 보인다. 대표적인 예로 디지털 공간에서는 공적이고 상호 간 거리가 존재하던 영역이 해체되고, 모든 것이 사적이고 친밀한 영역으로 재편되었다. 디지털 공간 내에서 사람들은 가상의 타자를 상정하고, 가상의 타자(들)는 '사회'로서의 역할을 일임하기도 한다. 그리고 이 가상의 타자들은 '좋아요'나 '댓글', '팔로우', '메시지', '리포스트(repost)' 등을 주고받으면서 서로의 존재를 확인하는 한편 관계성을 쌓아 간다. 따라서 디지털 공간 내에서 자의적으로 편집된 것이라고 치부되는 자기 재현은 가상의 타자라는 사회적 시선을 반영한 결과로, 즉 새로운 의미의 '사회적 관계' 안에서 진정성이 발현된 것으로 해석될 수 있다.

한편 디지털 환경에서 탄생한 새로운 진정성은

pp. 114~133; 키즈먼(Kitzmann)은 셀럽과 팔로어가 지속적으로 소통할 수 있는 미디어 환경이 빚어낸 결과물로 '공적 프라이버시(public privacy)'를 언급하기도 했다. 소셜 미디어 상에서 사적인 영역과 공적인 영역 간의 경계가 재설정된다는 것이다. Kitzmann, Andreas, "That different place: Documenting the self within online environments", *Biography* 26.1(2003). pp. 48~65.

친밀성의 문화 안에서
《일간 이슬아》는
자기 재현이라는 투명성의
실천을 통해 독자들에게
진정성을 안겨 주는 것으로
해석된다.

강보라

《일간 이슬아》를 둘러싼
진정성의 맥락은 오늘날의
인플루언서 현상과 일정 부분
궤를 같이하면서도
'친밀하고 투명한' 진정성이
가져올 파열음에 관한
새로운 질문을 던지게끔 한다.

종종 투명성과 동의어로 취급기도 한다. 한병철은 매체 발달로 점점 더 '투명해지는 사회'의 위험을 비판한 『투명사회』에서 "친밀사회는 제의화된 동작과 격식을 갖춘 행동을 불신한다. 그런 것들은 겉치레이고 진정성이 없다는 것이다."라고 썼다.[10] 그에 따르면 공론장을 형성해 줄 것으로 기대되었던 인터넷은 오히려 공적 영역을 해체하고 사적인 장소로 변모했다. 그리고 이러한 공적 세계의 붕괴와 함께 등장한 친밀성의 문화에서 "사회적 관계는 개개인의 내적, 심리적 욕구에 가까이 다가가면 갈수록 그만큼 더 참되고 신뢰할 만하며 진정한 것이 된다."[11] 디지털 네크워크 공간 안에서 현대인은 모든 것을 고백하고 전시하는 투명성의 실천을 통해 '진정성 있는 무언가'에 다다른다고 여기는 것이다.

자기 재현과 투명성의 실천

그렇다면 독자들이 어떤 지점에서 《일간 이슬아》에 대

[10] 한병철, 『투명사회』(문학과지성사, 2014). 40쪽.
[11] 같은 책, 38쪽.

강보라

한 진정성을 느낀다고 할 수 있을까? 분석 결과,[12] 독자들은 《일간 이슬아》를 받아들일 때 '일상'을 다루는 '수필' 또는 '에세이'로 인식하는 경향이 있었다. 또한 일상을 다루는 수필이 '매력적'이고 '기대'하게 만든 것으로 나타났다. 다른 한편으로 독자들은 《일간 이슬아》를 특히 '사랑'과 '마음'과 연관지어 생각하고 있었고, 이를 '읽고 싶다'고 여겼다. 《일간 이슬아》는 독자들에게 '공감'을 불러일으키는 한편, '화'가 나게끔 만드는 부분도 있었으며, 《일간 이슬아》의 '문장'을 주요하게 생각했다. 전반적으로 나타나는 특징은 이 모든 키워드들과 '이슬아'가 함께, 그리고 자주 등장했다는 점이다. 즉, 독자들이 《일간 이슬아》를 받아들이는 데 있어 '이슬아'라는 존재가 중요한 단초 역할을 한 것으로 볼 수 있다.

자기 고백과 자기 노출을 기반으로 하는 디지털

---

[12] 《일간 이슬아》에 대한 대중의 반응을 살펴보기 위한 일환으로 선정한 분석 대상과 분석 방법은 다음과 같다. 우선 2019년 2월 10일부터 2020년 2월 14일까지 약 1년간 예스24, 인터넷 교보문고, 알라딘, 리디북스 등의 플랫폼에 직접 작성된 《일간 이슬아》에 대한 독자 리뷰를 수집했다. 수집된 리뷰를 전처리한 후, 분석 가능한 90개의 리뷰를 최종 분석 대상으로 선정, 텍스트 마이닝을 실시했다.

친밀성의 문화 안에서 《일간 이슬아》는 (작가가 의도했든 그렇지 않았든) 자기 재현이라는 투명성의 실천을 통해 독자들에게 진정성을 안겨 주는 것으로 해석된다. 《일간 이슬아》의 자기 재현은 다시 내적 요소와 외적 요소로 나누어 볼 수 있다. 우선 자기 재현의 내적 요소는 《일간 이슬아》의 화자를 포함한 등장인물과 글의 형식성에 기대고 있다. 《일간 이슬아》에는 과거의 작가(과슬)와 현재의 작가(현슬), 그리고 미래의 작가(미슬)가 자주 등장하고, 이들 간의 교류를 통해 독자가 '이슬아'라는 화자의 시선을 체험하도록 이끈다. 《일간 이슬아》에 등장하는 인물들 또한 '이슬아'의 친구나 애인, 가족 등으로 독자들은 실제 이들을 만나지 않았지만, 만난 듯한 기시감을 느끼게 된다. 여기에 더해 수필이라는 형식성은 《일간 이슬아》를 통해 이야기되는 모든 것들이 실제로 일어난 일들에 대한 기록으로 받아들여지도록 돕는다. 수필이야말로 오늘날의 자기 재현에 가장 부합하는 형식으로 이해되는 것이다.

흥미로운 건, 《일간 이슬아》의 수필로서의 장르성이 작가에 의해서라기보다 구독자들에 의해 부여된 것이란 점이다. 작가는 구독자들에게 그저 '글'을 보내 주

강보라

겠다고 했지만, 구독자들의 관점에서는 그 '글'을 수필로 받아들일 수밖에 없는 모종의 혐의가 존재한 것으로 보인다. 구독자들이 수필로 받아들일 수밖에 없었던 혐의 안에는 (앞서 언급한 대로) 작가 본인과 주변인들이 등장한다는 점, 이메일 형태로 전달되는 (그래서 블로그나 소셜 미디어의 글처럼 받아들여지는) 온라인상의 글쓰기라는 점, 그리고 매일 작성되어 (사적인 내용이 담길 수밖에 없다고 여겨지는) 일기와 유사하게 비친다는 점 등이 포함된다.

자기 재현의 외적 요소는 작가가 이메일이나 소셜 미디어 등을 통해 독자들과 커뮤니케이션하는 부분과 관련이 있다. 독자가 최초에 《일간 이슬아》를 접하게 되는 방식이 이메일과 소셜 미디어를 통해 직접적으로 이루어지다 보니 작가인 '이슬아'는 《일간 이슬아》 안에만 존재하는 것이 아니라 그 외부에도 드러난다. 《일간 이슬아》 외부의 작가는 '연재노동자'로 자기 재현되어 독자가 직접 이메일이나 다이렉트 메시지를 통해 '독자로서의 불만이나 요구 사항'을 전달할 수 있는 투명한 존재가 되는 것이다.[13]

《일간 이슬아》를 둘러싼 진정성의 맥락은 오늘날

의 인플루언서 현상과 일정 부분 궤를 같이하면서도 '친밀하고 투명한' 진정성이 가져올 파열음에 관한 새로운 질문을 던지게끔 한다. 실제로 일어난 일과 이야기(글) 간의 거리, 이야기(글)와 작가 간의 거리, 그리고 작가와 독자와의 거리가 사라지지 않더라도 일말의 진정성을 추구할 수 있지 않겠냐는, 더불어《일간 이슬아》든 독자든 '친밀하고 투명한' 진정성을 담보로 누군가를 마냥 소모시키는 일은 없어야 하지 않겠냐는 질문이 자못 시급하게 다가온다.

[13] 실제로 이슬아는 『일간 이슬아 수필집』의 후기나 인터뷰에서 "삶을 이렇게 사세요."란 독자들의 조언이나 글을 언제 보내 줄 거냐는 문의를 자주 받는다고 말한 바 있다.

인플루언서

vs.

슈퍼전파자

정신건강의학과 전문의, 신경인류학자. 서울대 인류학과에서 진화와 인간 사회에 대해 강의하며, 정신의 진화 과정을 연구하고 있다. 옮긴 책으로 『행복의 역습』, 『여성의 진화』, 『진화와 인간 행동』이, 지은 책으로 『재난과 정신건강』, 『정신과 사용설명서』, 『내가 우울한 건 다 오스트랄로피테쿠스 때문이야』, 『마음으로부터 일곱 발자국』이 있다.

박한선

[주요어] #슈퍼전파자 #전염력 #인터넷미아즈마

[분류] 역사학 > 인류학

파리 국제위생회의

1851년 파리에서 국제위생회의가 열렸다. 유럽의 수많은 의사가 모였는데, 회의의 목적은 바로 전염병 퇴치였다. 초기 자본주의는 우아한 저택과 더러운 빈민굴을 동시에 양산했고, 제국주의와 식민주의는 끊이지 않는 전쟁, 그리고 아프리카와 아시아, 남미의 풍토병이 널리 퍼질 기회를 제공했다. 전염병은 점점 자주 발생했다. 의사들은 국제적인 연대가 필요하다고 생각했다. 국제위생회의는 이후 세계보건기구로 발전했다.

하지만 첫 회의의 성과는 초라했다. 의사들은 오랫동안 미아즈마 가설[1]을 믿고 있었는데, 이른바 '나

뻔 공기'가 질병의 원인이라는 것이다. 더러운 냄새가 나는 축축한 밤공기가 건강에 안 좋다는 것은 직관적으로는 옳은 주장이었다. 전쟁터의 참호나 빈민가의 열악한 주거 환경, 탄광과 공장, 원양 함대의 좁은 선실과 탐험가의 낡은 텐트에서는 불쾌한 냄새가 날 수밖에 없었고, 이런 곳에서 전염병이 많이 발생했다. 그 둘이 서로 관련된다는 짐작은 누구나 할 수 있었다.

사실 미아즈마의 기원은 아주 오래전으로 올라간다. 유럽의 전통 의학이라고 할 수 있는데, 서력기원전부터 전염병의 핵심 원인으로 간주되었다. 물론 대중은 전염병에 관해 초자연적 원인, 즉 신의 저주나 불경의 대가 등을 먼저 떠올렸다. 하지만 의사도 그럴 수는 없었다. 환경과 신체의 부조화가 병을 일으킨다는 자연주의적 질병관은 원시의 초자연적 질병관보다는 진일보한 것이지만, 여전히 과학적 사실은 아니었다.

자연주의적 질병관에 따르면 몸을 이루는 4체액

---

[1] '독기론'으로도 번역된다. 미아즈마(miasma)란 그리스어로 '오염(μίασμα)'이라는 뜻을 가진 말이다. 독성을 품은 수증기가 질병을 일으킨다는 것인데, 심지어 수인성 질병인 콜레라의 원인도 미아즈마라고 했다. 물론 진단이 틀렸으니 답을 찾을 수 없었다.

박한선

의 불균형이 질병의 주된 원인이었는데, 균형을 잡기 위해 피를 뽑거나 설사를 시키곤 했다. 하지만 전염병은 좀 달랐다. 병에 걸린 모든 사람의 신체가 똑같이 불균형할 리는 없었다. 이번엔 신체보다 환경이 문제였다. 잘못된 환경, 즉 미아즈마가 원인이었다. 자연스럽게 의사들은 주거 환경과 근로 환경을 개선해야 한다고 주장했다. 아예 도시를 떠나 맑은 공기가 있는 시골로 요양하든지. 물론 가난한 이에게는 둘 다 쉽지 않은 일이었다.

인터넷 미아즈마

유언비어가 범람하는 정보화 사회에 대한 우리의 진단도 이와 비슷하다. 음습한 온라인 커뮤니티와 정돈되지 않은 인터넷 정책, 익명성을 방패 삼은 열악한 네티켓 등이 바로 어지러운 여론을 만드는 미아즈마라는 것이다. 대책도 비슷하다. 온라인 문화의 개선이나 선플 운동, 인터넷 실명제 등이다. 아니면 각자 인터넷 접속을 차단하고 '맑은' 오프라인 정보를 얻든지. 물론 가난한 이에게는 둘 다 쉽지 않은 일이다. 수많은 사람에게 인터넷은 생계 수단이자 업무 도구이며, 가장 값 싸게 정보를 얻고 엔터테인먼트를 즐길 수 있는 방법이다. 인터넷 유머를 즐기는 것이 대학로에서 희극을 관람하는 것보다 분명 저렴하다.

인간은 수다를 떨기 위해서 좌반구의 전두엽과 측두엽 상당 부분을 할애했다. 어떤 의미에서 인간의 뇌, 그리고 인류의 복잡한 정신세계는 바로 언어를 얻기 위한 수단 혹은 그 부산물에 불과하다. 복잡한 문법 구조를 터득하지 않아도 잘 살아가는 종이 많다. 하지만 인간은 좀 다른 길을 택했다. 인간은 이제 효과적인 일대다의 정보 전달을 할 수 있게 되었다.

신석기 시대가 조금 지난 무렵, 인류는 드디어 글자를 발명하는 희대의 사건을 저질렀다. 이제 글을 배우기 위해 유년기와 청소년기의 상당 부분을 희생해야 했다. 처음에는 일부 계층이 거룩한 고생을 떠맡았지만, 지금은 거의 모든 사람이 그 어려운 과업을 어떻게든 해내야 한다. 오해 마시라. 반문명주의자도 아니고, 원시적 이상향을 꿈꾸는 것도 아니다. 음성언어든 문자언어든 인류는 얻은 것이 훨씬 더 많다. 문자언어는 시대를 뛰어넘는 정보 전달을 가능하게 했다. 인쇄술의 발명은 이런 능력을 크게 확장시켰다. 그리고 급기야 제3의 언어, 즉 인터넷 언어가 발명되었다. 지리적 한계를 뛰어넘어 한 사람의 생각이 전 세계 수십억의 사람에게 수초 내에 전달되고, 오래도록 지속될 수 있다.

분명 산업혁명 당시 도시와 탄광, 공장을 방불케 하는 효율적인 정보 환경이다. 하지만 곳곳에 빈민굴이 생겨나고 있다. 정보 취약 계층이 모여 사는 곳이다. 흔히 인터넷에 접근하기 어려운 노년층이나 저소득층을 취약 계층으로 취급하지만, 정반대의 현상도 벌어진다. 오프라인 연결망이 취약한 집단은 다른 방식으로 양질의 정보를 구하지 못한다. 그들이 가진 모든 정보는 온라인 세계에서 얻은 것이다. 직접 사람을 만나서 얻는 오프라인 정보는 구하기도 어렵고 값도 비싸다.

잠자는 시간을 제외하면 하루 종일 방적기를 응시해야 했던 노동자들은 이제 현대인이 되었다. 이젠 방적기가 아니라 하루 종일 컴퓨터 화면과 스마트폰을 응시해야 한다. 식사 시간마저도 한 손에는 스마트폰이다. 싸구려 저질 정보를 얻기 위해서 음란한 광고와

터무니없는 황색 기사를 감수하는 사람들이다. 가격이 저렴하기 때문이다. 참언(讒言)이 증식하기 쉬운 더럽고 비위생적인 정보 환경이다.

환경 혹은 세균

루이 파스퇴르와 로베르트 코흐가 미생물의 존재를 발견한 이후, 의학계는 한동안 격론에 빠졌다. 사실 생물속생설은 과학적으로 의심할 여지가 별로 없었다. 백조목 플라스크 실험에 대해서는 다들 알고 있겠지만, 더 직접적인 증거도 있다. 현미경과 세포염색법의 발견을 통해 두 눈으로 미생물의 존재를 똑똑히 볼 수 있었던 것이다. 그런데도 많은 의사들은 세균설을 믿고 싶지 않았다. 1851년 국제위생회의가 합의에 이르지 못한 이유다.

　당시 내로라하는 의학자들이 모인 회의다. 도대체 왜 터무니없는 미아즈마 가설을 포기하지 않으려고 했을까? 그저 믿음이 진실을 가린 어리석음의 사례일까? 아니면 의사들이란 원래 완고한 족속으로 의대 졸업 후에는 새로운 지식을 받아들이지 않기 때문일까?

유럽의 자본가나 정치가 들은 세균설이 발표되자 크게 반색했다. 이제 질병은 열악한 주거 혹은 노동 환경에 의해 발생하는 것이 아니었다. 맑은 공기가 상징하는 '살 만한 환경'을 만들어야 한다는 주장은 힘을 잃었다. 미생물이 모든 질병의 근본 원인이었다. 항생제와 백신을 통해 질병을 정복하면, 아무리 열악한 전장에서도 '건강하게' 싸우고, 아무리 열악한 공장에서도 '건강하게' 일할 수 있을 것이다.

의사들은 물론 세균을 좋아하지 않았다. 하지만 모든 질병과 불건강의 원인을 세균이 뒤집어쓰는 것도 좀 이상했다. 단지 못된 세균의 장난으로 치부하기에는 인간의 건강은 훨씬 복잡한 인과 관계의 결과물이라는 것을 알고 있었다. 예방 접종을 받고 항생제를 처방했다고 해서 축축한 참호 속에 군인을 밀어 넣거나 매일 18시간 탄광 속에서 일하도록 하는 것은 바라지 않았다.

같은 이유로 인터넷 세계를 범람하는 가짜 뉴스와 유언비어의 책임을 최초 유포자에게 모두 돌리는 것도 이상하다. 과연 그것이 전부일까 싶은 내적 저항이 생긴다. 허풍쟁이와 익살꾼과 거짓말쟁이는 유사 이래,

아니 역사가 시작되기 이전부터 있었다. 인간 사회를 이루는 필연적인 구성 요소다. 물론 믿음직한 동료로 인정하기는 어렵겠지만.

정보화 사회의 어두운 면을 이들에게 모두 전가할 수는 없다. 컴컴한 작업실에서 세상의 혼란을 꾀하는 악의 무리가 아니다. 원래부터 장터에서 야담이나 늘어놓고 푼돈과 웃음을 구걸하고, 뒷골목 담벼락에 낙서나 끼적이던 이들이다. 수다쟁이는 집단의 위험을 경고하고 사회적 정보를 전달하는 원초적 기능을 가지고 있다. 다만 현대 사회에서 '어느 날 눈을 떠 보니 월드와이드웹?'이 되어 버린 것뿐이다.

슈퍼전파자

우리 몸에는 헤아릴 수 없이 많은 미생물이 살고 있다. 소화를 돕고, 면역 반응을 조절한다. 암을 막거나 우울감을 줄여 주기도 한다. 악의를 가지고 우리 몸에 침입한 것이 아니다. 그 녀석도 살고 싶어 하는 생명체일 뿐이다. 오랜 세월 같이 살면서 숙주와 기생체는 공생의 길을 닦았다. 마찬가지다. 세상에는 허풍쟁이와 익

박한선

살꾼도 필요하고, 진지한 선비와 사려 깊은 숙녀도 필요하다. 뭔가 이유가 있으니 오랜 진화사 동안 다양한 양식으로 공생하며 적응해 온 것이다.

하지만 모든 미생물이 평화로운 공생의 길을 도모하는 것은 아니다. 미생물은 숙주가 죽으면 같이 죽기 때문에 큰 위해를 가하는 미생물은 진화하기 어렵다. 하지만 이러한 진화적 원칙을 벗어날 수 있는 몇 가지 방법이 있는데, 그중 하나가 빠른 전파 속도다. 숙주가 죽더라도 그보다 빨리 다른 숙주를 찾아내면 그만이다. 그래서 치명적 병원균은 인간이 정주 생활을 시작한 이후에 주로 나타났다. 많은 사람이 도시에 모여 살면서 '악의적' 병원균도 나름의 살길을 찾은 것이다. 그리고 현대 사회에서 이런 경향은 점점 심해지고 있다.

정보의 세계도 역시 같은 논리를 적용할 수 있다. 헛정보를 남발하는 사람은 곧 평판을 잃는다. 주변 사람은 그의 이야기를 듣기는 하되 귀 기울여 따르지는 않는다. 음성 피드백이 반복되면서 자연스럽게 균형을 찾는다. 그런데 활판인쇄술은 이런 미묘한 균형을 깨어 버렸다. 헛소리도 진지하게 적어서 실로 엮으면 책

근거가 불명확한 자극적인 정보가 매력적인 외모와 강력한 호소력, 말초적 연행 능력을 가진 인플루언서를 통해서 급속도로 전파된다. 정보 사회의 슈퍼전파자다.

박한선

시간이라는 강력한
검증 장치를 통과할 수 없는
휘발성 담론이지만, 오직 빠른
전파력 하나에만 의지하여
순식간에 정보 생태계를
점령해 버린다.

이라고 부른다. 적당한 타이틀을 붙이고 그럴듯한 직함으로 뒷받침하면 부풀려진 영향력을 가지게 된다. 구텐베르크가 활판인쇄를 시작한 이후, 대중을 현혹하는 요서는 늘 범람하고 있다.

인터넷 세계는 터무니없는 가십을 입에 달고 사는 수다쟁이가 활동할 영역을 거의 무한대로 넓혀 주었다. 그동안의 방송이나 언론이 사회적 신망을 얻은 자의 정돈된 의견을 효과적으로 나누는 수단이었다면, 인터넷은 그런 진입 장벽을 사실상 완전히 무너뜨렸다. 강력한 인플루언서가 된 수다쟁이는 엄청난 성능의 확성기를 쥐게 된 셈이다.

젊은 사람들은 일대일 대화를 점점 불편해한다. 아날로그 매체에도 관심이 없다. 온종일 디지털화된 언어로 소통하고 대화한다. 바로 옆자리에 앉은 친구에게도 카톡을 보낸다. 그게 편하다는 것이다. 자극적인 이야기를 재미있게 전달하는 인플루언서의 발언은 밴드웨건 효과[2] 그리고 인터넷의 강력한 재전송 기

[2] 시가지에서 퍼레이드를 벌일 때, 행렬 맨 앞에는 큰 소리로 사람을 불러 모으는 악대 차량이 배치된다. 대중의 관심을 끌려는 것인데, 이 악대 차량을 영어로는 밴드웨건(Bandwagon)이라고 한다. 그래서 대중

박한선

능에 힘입어 순식간에 수천수만 배의 파급력을 가진다. 물론 사실도 아니고, 올바르지도 않은 이야기다. 정보를 듣는 모든 사람이 피해자다. 마치 치명적 병원균이 숙주를 희생하더라도 높은 전파력을 통해 번식을 도모하는 전략과 흡사하다. 정보화 세계의 슈퍼전파자다.

위생의 개선 그리고 표적 지향형 치료제

과거 인류의 목숨을 가장 많이 앗아간 원흉은 전쟁도 아니고, 기근도 아니다. 질병이다. 그렇다면 혹시 암? 심장 질환? 아니다. 전염병이다. 지금까지 지구상에 살았던 인간의 총 숫자는 약 500억 명이다. 그중 70억 명은 살아 있으니 430억 명은 죽은 셈인데, 그 절반 이상이 전염병으로 죽었다.

　인류와 전염병과의 전쟁은 아주 긴 역사를 가지고

적으로 유행한다는 사실 때문에 어떤 정보가 힘을 얻는 현상을 흔히 밴드웨건 효과라고 한다. 보통 당선이 유력한 후보자에게 표가 몰리거나, 소비자가 시장 지배적 상품을 더 선호하는 현상을 말할 때 사용된다.

있지만, 최근까지는 고전을 면치 못했다. 패배만 반복하다가 드디어 작은 승리라도 거두기 시작한 때가 불과 100여 년 전이다. 절반은 위생의 개선 덕분이고, 절반은 항생제와 백신의 개발 덕분이다. 아직도 치열한 전쟁이 계속되고 있지만, 비참한 패배만을 반복하며, 할 수 있는 것은 기도밖에 없었던 조상에 비하면 훨씬 전황이 밝아졌다. 하지만 인구 증가와 세계화, 도시화는 슈퍼전파자라는 독특한 역학적 현상을 낳으며 게릴라처럼 우리를 괴롭히고 있다.

인류가 유언비어와 벌인 싸움도 아주 긴 역사를 가지고 있다. 언어 능력을 통해 타인을 기만할 수 있다는 것을 알게 된 인류는 그 능력을 재빨리 활용했다. 물론 기만 탐색의 심리적 모듈도 같이 공진화했다. 기나긴 군비 경쟁을 통해서 타인의 기만을 탐지하는 인지적 적응은 아주 높은 수준으로 진화했다. 인간은 거짓말을 잘하는 동물이지만, 동시에 남의 거짓말을 금세 알아차리는 동물이다.

정보화 사회는 인플루언서라는 아주 독특한 현상을 낳았다. 분명 전통적 의미의 인플루언서는 사회적 명망가다. 비록 세속적인 권력은 없지만, 그의 주장은 상당한 힘을 가지고 사회에 영향을 미친다. 인류학자 에번스 프리처드가 이야기한 표범 가죽 추장이다. 아프리카 누어족에는 표범 가죽을 걸친 원로가 오랜 경험, 그리고 사회적 신망을 통해 집단적 갈등을 조율하고 설득하는 역할을 한다. 지혜로운 현자의 원형이다. 하지만 초연결망 사회는 가짜 표범 가죽 추장을 양산하고 있다.

근거가 불명확한 자극적인 정보가 매력적인 외모와 강력한 호소력, 말초적 연행 능력을 가진 인플루언서를 통해서 급속도로 전파된다. 정보 사회의 슈퍼전파자다. 이들은 사회의 다양한 이슈에 대해 터무니없는 주장을 제시하고, 검증되지 않은 해결책을 제안하며, 근거 없는 음모론을 펼친다. 시간이라는 강력한 검증 장치를 통과할 수 없는 휘발성 담론이다. 하지만 오직 빠른 전파력 하나에만 의지하여 순식간에 정보 생태계를 점령해 버린다.

전염성 질환과 싸우는 의학자의 전략을 응용할 수 있을지도 모른다. 먼저 위생의 개선, 즉 유언이 범람하기 쉬운 취약한 정보 환경을 개선해야 한다. 사람들은 왜 싸구려 정보를 이용하려는 것일까? 단지 값이 싸기 때문에? 혹은 그것밖에는 구할 수 없기 때문에? 조금 비싸더라도 양질의 정보를 제공해 줄 수 있는 방법이 있을 것이다. 모든 사람이 '공짜'라는 탈을 쓴 저질 황색 정보에 하루 종일 노출되도록 두는 것이 분명 좋은 일이 아니다. 불량한 정보는 미아즈마보다 더 해롭다.

그리고 표적지향형 치료제의 개발 역시 필요하다. 강력한 전파력을 가진 인플루언서의 난동을 막기 위해서는 초기 방역에 주력해야 한다. 물리적인 의미의 항생제를 만들 수는 없겠지만, 악의적인 허위 정보를 유포하는 자를 직접 찾아내어 차단하는 것이다. 공동체에 커다란 해악을 일으킬 수 있는 슈퍼전파자다. 예전이라면 그저 마을의 유명한 양치기 소년 정도로 귀엽게 봐줄 수 있었을지도 모른다. 하지만 달라진 정보 환경에서 양치기 소년은 더 이상 '소년'이 아니다.

박한선

#피드백 운동의 동역학

이화여자대학교 여성학과 석사과정 수료, 페미니스트 연구웹진 Fwd 필진. 페미니즘을 어떻게 전하고, 또한 배울 것인지 고민하는 페미니스트 교육 연구 활동가의 길을 지향하고 있다.

이민주

[주요어] #피드백운동 #감정자본주의 #정치적소비자
[분류] 사회학 > 여성학

"#○○_여혐표현_사과해"

이 소제목은 트위터의 '실시간 트렌드'에 종종 올라오는 해시태그다. 어쩌면 ○○에서 당신은 즐겨 보는 문화 콘텐츠, 애용하는 물건의 광고, 좋아하는 유명인, 나아가 지지하는 정당 또는 정부의 이름을 발견하고 탄식할지도 모른다. 최근 문화 콘텐츠와 상품, 서비스, 정책에 대한 페미니즘 관점의 비평이 '피드백 요구'라는 형태로 나타나고 있다. 2015년을 전후로 한 페미니즘의 재부상 이후, 기업 또는 콘텐츠 생산자는 여성혐오를 잣대로 한 검증대에 오르내리기 시작했다. 인플루언서 또한 예외는 아니어서, 그들의 과거부터 지금까지의 행위와 창작물에서 여성혐오적이라고 여겨지는 측면에 대해 입장을 내기를 요구받았다.

이들의 '피드백'은 빠를수록, 그리고 변화에의 노력과 의지를 담고 있을수록 환영받았다. 한 번 여성혐오에 대한 피드백이 있고 나면 해당 인플루언서에 대한 대규모 구독 취소가 일어나거나, 구독자층의 성격이 바뀌기도 했다.[1] 그리고 드물게는 적절한 피드백으로 호평을 받으며 '검증된 인플루언서'로 인정받기도 했다. 그 과정이 어떠했건, 분명한 것은 어느 분야의 인플루언서이건 페미니즘 관점을 가진 소비자의 영향으로부터 이전만큼 자유로울 수는 없다는 사실이다.

보통 피드백(feedback)이란 원인에 의한 결과가 다시 그 원인에 영향을 미치는 일을 의미한다. 그런데 위의 맥락에서 피드백은 어떤 행위에 대해 수용자가 내놓는 반응과 이 반응을 수렴하는 일, 그리고 이에 대

[1] 뷰티, 패션 분야의 인플루언서는 페미니즘 관점의 비평으로 업계의 존속 자체에 대한 도전을 받았다. 유명 뷰티 유튜버 배리나는 스스로가 여성에 대한 꾸밈 압박, 통칭 '코르셋'을 재생산하고 있음을 인지하고 '탈코르셋'운동에 동참함으로 이에 대응한 경우이다. 이로 인해 일부 기존 구독자와 안티페미니스트로부터 공격과 비방에 시달리기도 했으나, 탈코르셋 운동의 주체들이라는 새로운 구독자, 지지자 집단을 얻기도 했다.

해 내놓는 입장 표명 등의 새로운 결과물 등을 통칭하는 것으로 볼 수 있다. 이때 피드백이란 현대 경영에서 중시되는 가치인 '소통'의 과정을 총체적으로 가리키는 개념이라고 보아도 무리가 없을 것이다.

기업 또는 생산자의 어떤 행위에 대하여 문제를 제기하고, 이에 대한 생산자의 반응과 조정으로서 '피드백'을 요구하는 일(이하 피드백 운동)이 하나의 페미니스트 운동 방식으로 자리 잡고 있다. '이해 당사자'인 소비자 정체성을 기반으로 소통을 통해 문제를 해결하고자 하는 피드백 운동은, 특히 생산자와 소비자 간의 즉각적이고 긴밀한 소통이 가능한 디지털 공간에서 강한 영향력과 효과를 낸다.

페미니스트 소비자라는 정치적 주체

피드백 운동은 기본적으로 정치적 소비자 운동에 속하며, 의도적 불매(boycotting)와 의도적 구매(buycotting) 그리고 담론적 운동의 세 가지 유형 가운데 담론적 운동의 일종으로 분석할 수 있다. 담론적 정치적 소비자 운동은 직접 소통의 형태를 통해 기업, 일반 소비자, 정당, 행정기관에 기업의 정책과 관행에 관한 다양한 의견을 제시한다.[2] 그러나 피드백 운동의 방식에서 새로이 주목해야 할 점은, 이 행동이 정치적 의견의 표출을 통한 문제의 개선뿐 아니라 기업과의 소통 자체를 중요한 목적으로 삼고 있다는 점이다.

피드백 운동에서 충실한 피드백으로 평가되는 요소는 사건의 발생과 책임의 인정, 사건 경위의 해명, 사과, 보상 및 재발 방지 대책과 같은 것들이다. 따라서 운동의 효과성에 대한 자체 평가 역시 이러한 요구 사항과 결과의 내용에 치중되는 경향이 있다. 그러나 실제 피드백 운동의 과정에서 기업의 피드백이 얼마나 신속하게, 자주, 존중하는 태도로 이루어졌는지는 내용에 대한 평가를 압도하기도 한다. 이는 피드백 운동에 참여하는 여성들에게 정치적 주체로서 지위의 인정과 동등한 소통이라는 요구가 있음을 보여 준다.

이러한 측면에서 피드백운동은 정치적 소비자 운동의 주된 형태인 불매 운동과 차별화된다. 불매 운동

[2] 김춘식·강형구(2009), 「정치적 소비자 운동에 영향을 미치는 예측요인 연구」, 《한국언론학보》 53(4), 162~182쪽.

이민주

은 직접적으로 매출에 타격을 입힘으로써 기업을 '굴복시키기를' 추구한다. 따라서 이 과정에서 소비자와 기업 사이 관계의 지속 여부는 중요하지 않다. 반면, 피드백 운동은 기업이 소비자와의 피드백 과정을 통해 이들의 정치적 요구를 받아들이고 자발적으로 변화하기를 추구한다. 그럼으로써 기업과 소비자 간의 상호적 관계 유지를 목표로 하며, 그 바탕에는 상대에 대한 애정, 신뢰감 등의 감정과 관계 유지를 향한 의지가 있다.

"당신이 뭔데 말을 얹나?" 피드백 요구가 요구하는 자격

기존의 의도적 불매, 의도적 구매 방식의 정치적 소비자 운동에서, 기업이 명확하게 인지할 수 있는 지표는 매출의 증감이다. 소비자들이 왜 자사의 상품을 구매하거나 불매하고 있는지, 어떤 방향으로 변화해야 할지는 기업 측에서 분석하고 판단하여야 할 영역이다. 그러나 피드백 운동에서는 두 영역이 정반대로 뒤집힌다. 피드백 요구자들의 요구사항은 직접적이고 명시적으로 전달되며, 기업은 그 요구를 제시한 이들이 '어떤' 소비자인지 판단하여야 한다.

피드백 운동에는 소비자의 의견을 기업이 받아들일 의무가 있다는 전제가 깔려 있다. 소비자는 기업 또는 생산자가 제공하는 서비스와 상품에 의해 직·간접적인 영향을 받으며, 일정한 비용을 지불함으로써 기업의 존속 여부를 결정할 수 있다고 인정되기 때문이다. 피드백 운동에 참여하고자 하는 주체에게는 기업과 '소통 테이블 맞은편에 앉을 만한 집단', 즉 소비자라는 정당한 이해 당사자의 자격을 인정받는 과정이 필요한 셈이다. 이 과정에서 피드백을 요구하는 측은 자신의 지위에 대한 인정 여부를 기업에게 맡기는 수동적인 지위로 전락하게 된다.

그렇다면 피드백 운동의 주체인 여성들이 '자격'을 획득하고자 투쟁해야만 하는 공간은 어떤 곳인가? 우선, 피드백 운동이 소비자 운동의 한 형태로 나타나기 때문에 시장을 꼽을 수 있다. 시장을 지배하는 것은 구매력에 따른 힘의 논리이기 때문에, 공통된 소비 욕구를 가진 보다 큰 집단이 되려는 경향이 있는데, 이 과정에서 여성의 목소리는 점점 더 균일해지는 양상을

　　　　　이민주

보인다. 통일된 해시태그를 달고, 같은 내용을 복사한 소비자 의견을 넣으며, 하나의 청원 게시글에 '동의'를 표현하는 식으로 단일한 집단으로서 피드백을 요구하게 되는 것이다. 사안에 대한 '다른 목소리'는 기업으로부터 즉각적인 피드백이라는 일차 목적을 위해 묵살되기 쉽다.

피드백 운동이 주로 온라인상에서 이루어지기에, 디지털 공간의 특성에도 주목할 필요가 있다. 구성원이 기본적으로 남성으로 상정되는 남성 중심적인 인터넷 환경에서 여성들은 스스로 '여성으로서' 목소리를 내고 있음을 증명하는 한편 함께 목소리를 내는 타인까지 '아군인 여성'임을 검증해야 하는 상황에 놓인다. 의심하거나 의심받는 데서 벗어날 수 없는 이러한 불안한 구도는 피드백 운동 참여자들로 하여금 운동 과정의 주류와 다른 움직임들을 외부자의 개입으로 간주하고 과잉 방어하도록 만든다. 월경 용품의 안전성 문제에 대해 다른 의견을 말하는 사람은, 실제 상품을 구매하고 사용하는 여성이 아니라 '주제넘게' 말을 얹는 남성일 것이라는 의심을 살 수 있다. 특정 팬덤 안에서라면 해당 팬덤 전체를 공격하려는 경쟁 상대, 즉 '타

팬'일 것이라는 의심을 받는 식이다. 이렇듯 서로의 의견에 귀를 기울이기보다는 우선 자격 조건을 검증해야 하는 상황은 운동의 참여자들로 하여금 반복적이고 소모적인 의심과 색출, 낙인과 망신 주기로 인한 극도의 피로감을 유발한다.

돌아오지 않는 피드백

피드백 운동은 운동의 성공 여부를 가르는 최종 목표가 기업 또는 생산자의 변화라는 점에서 기존의 페미니즘 운동의 갈래인 공론화, 경험 말하기 운동과도 차별화된다. 피드백 운동은 문제를 공론화하고 대중의 관심과 참여를 유도하는 것을 통해, 기업이 소비자와 소통하고 그들의 문제 제기를 받아들여 '자발적으로' 변화하기를 추구한다. 따라서 기업과의 소통 과정 자체에 진입하지 못했을 때, 즉 여성 소비자가 가치 있는 대상이라고 '인정받지 못했을 때' 피드백 운동은 쉽게 무력해지는 한계를 보인다. 게임, 스포츠와 각종 인터넷 하위문화 기반 콘텐츠 등 남성을 주요 소비자로 상정하는 상품에 대해서는 페미니즘 관점에서의 비판이

　　　　　이민주

힘을 잃게 되는 것이다.

예를 들어 2016년 게임 회사 넥슨의 성우 부당 계약 해지 사건을 계기로 촉발되어 현재까지 지속하고 있는 소위 '디지털 미디어 콘텐츠 업계 페미니스트 사상 검증'[3]의 문제에서, 피드백 운동은 여성 소비자 비중이 매우 높은 일부 상품의 사례를 제외하고는 큰 효과를 발휘하지 못하고 있다. 또한 소위 '남초' 분야가 아니어도, 피드백을 요구받는 쪽이 이미 성차별적인 인식을 가지고 있는 상황에서 남성의 목소리는 과

[3] 나딕게임즈가 제작하고 넥슨이 배급하는 게임 「클로저스」의 캐릭터 보이스를 담당한 성우 김자연은 '메갈리아' 페이스북 페이지 삭제에 항의하기 위한 소송 비용 펀딩에 참여하여, 2016년 7월 18일 후원에 대한 보답품인 티셔츠를 개인 SNS 계정에 인증했다. 이에 다수의 「클로저스」 게임 이용자는 페미니즘 사이트를 후원하는 성우가 담당한 신규 캐릭터를 구입하지 않겠다며 보이콧을 벌였고, 그 다음 날인 19일 넥슨은 신규 캐릭터의 담당 성우를 교체했다. 이러한 페미니즘 사상 검증 행위에 대항하여 페미니스트들은 '#넥슨_보이콧' 해시태그를 통한 불매 운동과 넥슨 사옥 앞 규탄 시위, 넥슨 및 나딕게임즈 이용자 게시판에 항의 의견을 게시하는 피드백 운동을 진행했다. 이 사건은 게임, 웹툰, 웹 일러스트레이션 등 디지털 미디어 콘텐츠 업계 전반의 여성 창작자에 대한 반페미니스트 집단의 페미니즘 사상 검증 행위를 촉발했다. 이와 같은 사상 검증은 웹툰계의 '예스컷 캠페인'(페미니즘을 옹호한 작가의 작품 평점을 의도적으로 떨어트리는 조직적인 움직임), 게임 「소녀전선」내 여성 일러스트레이터 작업 부분 삭제, IMC게임즈 여성 개발자 사상 검증 등 여러 사건들을 경유하며 계속되고 있다.

잉 대표된다. 따라서 여성이 적법한 주소비자로서 인정받고 기업에 영향을 미치고자 하는 노력은 남성 소비자라는 경쟁 집단이 있을 때 훨씬 더 어려운 투쟁이 된다.

여성 소비자가 상대적으로 적은 비중을 차지하고 있는 분야는 대개 여성에 대한 노골적인 배제와 혐오 문화가 지배적으로 작동하며, 이를 통해 남성성을 구축하고 강화한다. 이러한 분야에 남아 있고자 결정한 여성 소비자들은 소통이 결렬될 때, 소통할 가치가 있는 소비자로 인정받기 위해 더 큰 비용을 지불하고 가시화되고자 애쓰기도 한다. 그러나 보통 성차별적인 문화로 인한 직접적 피해와 자신이 감정을 쏟고 있는 대상을 변화시키지 못하고 있다는 무력감을 경험하며, 이와 동시에 페미니스트 집단으로부터 지속적 소비를 통해 성차별적 문화를 존속시키고 있다는 비난을 받는 이중고에 처하기도 한다. 이러한 과정이 반복되면서 결국 변화의 의지와 동력을 소진하는 데에 이르기도 한다.

이민주

누구를 위하여
피드백은 돌아가나?

피드백 요구가 받아들여져 문제를 제기하는 여성들이 소통의 테이블에 앉은 다음에는 문제가 없을까? 그렇지는 않다. 성공적인 피드백 과정에 진입함으로써 실질적인 이익을 취득하는 쪽은 기업이기 때문이다. 에바 일루즈는 『감정 자본주의』에서, 현대 사회에서 "소통"은 바람직한 경영자와 유능한 사원에게 요구되는 감정적, 언어적 속성, 나아가 인성적 특질을 가리키는 개념이 되었다고 지적한다. 소비자들의 피드백 요구에 응하는 태도를 보이는 것만으로, 기업은 바람직하고 유능하다고 평가되며 긍정적인 기업 이미지라는 핵심적인 자원을 별다른 비용 지출 없이도 얻을 수 있게 된다.

피드백 운동을 이어 가기 위한 비용을 내는 쪽은 오히려 여성들이며, 이 비용은 노동뿐 아니라 감정 또한 포함한다. 이 과정에는 언제나 문제 제기자의 감정이 중심으로 들어와 있다. 이는 자본주의 사회의 소통 모델에서, 감정 다루기가 중심적인 문제가 되고, 감정을 표출했다는 것 자체가 정당한 문제 제기로 여겨지는 현상에서 기인한다. 즉 여성들은 행위자의 여성 혐오적인 행태와 성차별에 '분노하거나', '불쾌감을 느꼈거나', '실망하여' 이에 대한 피드백을 요구한다. 운동의 주체들은 문제에 대하여 집단적인 감정을 표출하고 유지해야만 하게 된 것이다.

주체들의 감정이 중요한 문제로 등장할 때, 운동에 관한 관심은 문제 제기자의 감정이 적절하게 다루어졌는지(공손한 태도로, 만족할 만큼 빠르게, 자주 소통했는지), 그리고 감정을 올바르게 헤아렸는지까지 살피게 된다. 가령 불법 촬영 문제에 대한 안일하고 편파적인 정부의 대응에 대하여 피드백을 요구한 2018년 일련의 '불편한 용기' 시위의 사례에서 시위자들이 내세운 감정은 여성의 '분노'였다. 그러나 2차 시위 후 대통령이 발표한 입장에서 이는 여성들의 '원한'으로 오독되었고, 3차 시위에서는 '원한' 발언에 대한 비판의 목소리가 추가되었다.[4] 운동의 주체들은 이런 식으로 직접 문제 제기에 부합하는 방식으로 자신들의 감정을

[4] '"촛불은 혁명이고 혜화역 시위는 원한이냐" 6만 여성 외침', 《한겨레》(2018년 7월 9일 자).

　　　　　　　이민주

끌어올리고, 진단하고, 명시적인 텍스트를 통해 설명하는 노력을 수행하게 된다.

반면 감정이 적절하게 이해되고 다루어졌을 때는 실질적인 문제 해결 의지가 저하되기도 한다. '어쨌든 피드백을 내놓았기에 아예 소통하지 않는 것보다는 나으므로 계속 소비하며 관계를 유지하겠다'라는 선택이 가능한 것이다. 지속적인 피드백 운동이 어려운 상황에서 운동을 중단했다는 비난으로부터 면피하고자 할 때 이러한 논리가 쉽게 동원된다. 감정을 중심으로 삼는 운동의 방식은 또한 사건의 직접적인 당사자(주로 피해자)와 피드백 요구 집단이 일치하지 않는 경우 정의롭지 못한 결과를 낼 수 있다. 기업이 마땅히 행해야 할 사과와 피해 보상 등을 피해자에게 제공하기보다, 비용이 덜 들거나 대응하기 쉬운 선택지로서 피드백 요구에 맞춰 감정을 달래는 쪽을 선택하는 경향을 보이기 때문이다.

피드백의 값을 이야기하기

피드백 운동에 참여하는 여성들은 자신들의 시간과 금

온라인에서의 피드백 운동을
기존의 사회 운동 방식과
비교하여 '진짜' 운동이
아니라고 깎아내리거나,
여성들이 손해만 보는
장사라고 단정 짓는 것은
오히려 편리한 결론이다.

이민주

여성들의 막대한 노동과
감정 자본이 투여되고 있는
현상은 부수적인
오류가 아니라, 운동 동력의
핵심으로서
'피드백의 값'일지도 모른다.

전적 비용을 지출하며 적법한 소비자로서 인정을 받아야만 피드백의 과정으로 진입할 수 있다. 피드백을 요구받은 기업은 피드백을 내놓거나, 내놓지 않음으로써 문제 제기자들의 지위와 가치를 결정한다. 능동적으로 문제를 발견하고, 해결 방안을 강구하는 노력을 다하면서도 기업의 인정을 기다리는 수동적인 위치에 머물게 되는 것이다. 적법한 소통 대상으로 인정받아 피드백의 과정으로 진입한 뒤에도, 그 과정을 지속하는 비용은 여성들의 감정으로 지불된다. 여성들은 문제에 대하여 분노하는 동시에, 언제든 사과를 받으면 상대를 용서해 줄 준비가 되어 있는 상태로 협상 테이블의 한쪽에 줄곧 앉아 있어야만 하는 것이다. 이렇듯 한쪽에 치우친 노력으로 마련되고 유지되는 협상 테이블에, 기업은 잠시 앉는 그것만으로도 인정을 획득할 수 있다. 이러한 부조리는 기업과 소비자의 구도에서 기업의 자발적인 변화를 문제의 해결책으로 삼으려고 하는 한 필연적일 수밖에 없다.

이러한 부조리에도 불구하고, 피드백 운동이 현재 페미니스트 운동에서 중요한 비중을 차지해 가는 이유는 소비자의 지위가 다수의 여성이 쉽게 공감하고 이

입할 수 있는 지위이기 때문이다. 또한 이전보다 기업 또는 정부와 직접적으로 소통할 수 있는 창구와 수단, 소통 가능한 범위가 늘어났다. 소비자 역량을 발휘하여 소통을 통해 행위자를 긍정적으로 변화시켰던 경험은 지금까지 그 무엇보다 가시적이고, 또한 고무적이다. 성공적인 피드백 운동은 법에 의한 강제적인 제재나 불매로 인한 기업의 침체 없이도 상생하는 미래를 생각해볼 수 있게 한다.

2018년, 어린이 대상의 TV 애니메이션 「프리티 리듬」 시리즈 제작사에서 여성 어린이 캐릭터를 성적 대상화한 상품을 출시한 데 대한 피드백 운동은 매우 성공적인 사례다. 문제를 먼저 인지한 한국의 페미니스트 소비자들이 공론화 SNS 계정에 집결했는데, 일본 제작사 공식 SNS 계정과 홈페이지에 의견을 제시하는 한편 해시태그 연결 행동[5]을 통해 일본의 소비자들도 사건을 인지하고 문제 제기에 참여할 수 있도록 독려했다. 결과적으로 해당 상품의 출시는 취소되었다. 이 사례는 최초로 문제를 제기한 집단이 해외 소

[5] #プリティ_シリーズ_女の子キャラクター_性商品化_もいい加減にしろ. "프리티 시리즈 여성 어린이 성상품화 좀 적당히 해라."라는 의미다.

비자로서 국가 기관에 제재 요청 등의 수단을 쓸 수 없었으며, 기업은 조직적 불매를 가시화하기 어려운 미디어 콘텐츠 제작사였다는 제약 조건을 범국가적인 피드백 운동의 방식으로 극복한 경우로 볼 수 있다. 앞으로 이와 같은 사례는 점점 더 증가할 것이고, 피드백 운동의 방식은 더 유효해질 것이다.

온라인에서의 피드백 운동을 기존의 사회 운동 방식과 비교하여 '진짜' 운동이 아니라고 깎아내리거나, 여성들이 손해만 보는 장사라고 단정 짓는 것은 오히려 편리한 결론이다. 피드백 운동을 수행하는 페미니스트 집단 안에서 참여자들의 소진 또는 감정적인 갈등의 문제는 계속해서 제기되고 있다. 그러나 이 같은 문제를 소비주의와 경쟁주의의 심화로 인한 문제로만 해석하거나, 또는 인터넷 기반 젊은 페미니스트 집단 자체의 문제로만 치부해서는 결코 해결할 수 없을 것이다. 이와 같은 해석은 젊은 세대 여성 소비자에 대한 익숙한 혐오로 흘러 들어갈 수 있다는 점에서 낡고도 위험하다.

피드백 운동은 여성들의 정치 주체로서 지위 인정과 동등한 소통이라는 요구 및 소통 과정에서 두드러

　　　　　　　　이민주

지는 감정과 친밀성의 교류라는 측면에서 독특성을 갖는다. 이 과정에서 여성들의 막대한 노동과 감정 자본이 투여되고 있는 현상은 부수적인 오류가 아니라, 운동 동력의 핵심으로서 '피드백의 값'일지도 모른다. 따라서 이러한 문제를 어떻게 완전히 제거할 것인지, 또는 이 때문에 운동 방식 자체를 폐기해야 할지 논의하는 것은 무의미하다. 피드백 운동의 고유한 역동에 대한 관찰과 분석을 통해, 피드백의 재무제표를 명확히 하는 일이 선행되어야 하지 않을까.

어린이의
유튜브 경험

서울대학교에서 불어교육학을 전공하고 언론정보학을 부전공했다. 하버드대학교에서 교육공학으로 석사학위를, 런던대학교 IOE에서 데이비드 버킹엄의 지도 아래 미디어 교육으로 박사학위를 받았다. 경기도교육연구원 부연구위원으로 일했다. 현재 시청자미디어재단 정책연구팀 팀장으로 근무하고 있다. 주된 관심 분야는 미디어리터러시와 미디어리터러시 교육, 청소년 미디어 문화 연구, 디지털 시민성과 디지털 권리, 미디어리터러시 정책 등이며, 관련 주제로 학술계와 기관, 대중 등 넓은 범위 대상에 걸쳐 다양한 활동을 활발하게 전개하고 있다.

김아미

[주요어] #유튜버 #미디어리터러시 #또래문화
[분류] 교육학 > 아동교육 > 미디어 교육

요즘 어린이들은 유튜버를 선망하는 직업으로 꼽는다. 2007년부터 교육부와 한국직업능력개발원이 매년 조사하는 초중등학생의 장래희망 순위를 보면, 2019년 어린이들이 선택한 장래희망 3위는 유튜버, BJ, 스트리머 등을 포함하는 '크리에이터'다.[1] 같은 해 중학생, 고등학생의 순위에서는 보이지 않는 크리에이터가 초등학생에서는 운동선수와 교사에 이어 3위에 등장한 것이다. 어린이들이 유튜버를 장래 희망으로 꼽는 이유에는 여러 가지가 있을 것이다. 자신의 의견이나 일상을 표현하고 여러 사람들과 공유하며 소통하기

[1] 교육부·한국직업능력개발원 2019년 초·중등 진로교육 현황조사.

를 즐기는 것일 수도 있고, 최근에 화제가 된 '보람튜브' 같은 유명 키즈 유튜브 채널처럼 높은 소득을 올리는 직업이라 생각하기 때문이기도 하다.

그 배경에는 변화한 미디어 환경과 미디어 이용자의 입지 변화라는 맥락이 있다. 지금 우리는 나의 목소리를 그리고 사회적 사안부터 일상에 대한 나의 의견을 불특정 다수를 향해 내기 쉬운 미디어 환경에 살고 있다. 기존의 대중매체 시대는 힘을 가진 소수가 대중을 향해 목소리를 내는 환경이었다. 반면 디지털 미디어와 개개인을 연결하는 SNS는 수신자이자 영향을 받는 역할에 국한되었던 미디어 이용자의 정체성을 지식과 콘텐츠를 만들어 내는 생산자이자 영향을 미치는 '인플루언서'로 확장시켰다. 이처럼 변화하는 미디어 환경을 어린이들은 훨씬 자연스럽게 받아들이고 체화하는 것으로 보인다.

디지털 네이티브는 보호받아야 할까

이처럼 디지털 환경에서 태어나 성장하고 있는 어린이

김아미

와 청소년들은 변화한 미디어 환경을 익숙하게 받아들이고 있다. 이들에게 미디어는 일상 안에 스며들어 있으며 주요 활동 공간이자 이른 나이부터 사회화를 경험하는 공간이기도 하다. 일부에서는 지금의 어린이, 청소년 들을 'Z세대'로 명명하며 글보다 영상으로 소통하는 것이 편한 세대라 설명하기도 한다. (한국마케팅연구원, 2017.)

그러나 어린이와 청소년의 미디어 이용에 대한 사회적 논의는 그들의 실제 경험에 관심을 기울이기보다는 기성세대의 이해를 중심으로 진행되고 있다. 특히 어린이의 미디어 이용에 대한 논의는 두 가지 양가적 관점이 주를 이루고 있다고 할 수 있다. 미디어의 악영향으로부터 어린이를 보호하고 그들의 미디어 이용을 규제해야 한다는 보호주의적 관점이 강한 한편, 어린이가 살아갈 미래를 '4차 산업혁명 시대'라 강조하면서 어린이들의 미디어 및 테크놀로지 이용, 생산 역량이 중요함을 강조하기도 한다.

이와 같은 양가적 접근은 실제 어린이들이 미디어를 통해 어떠한 경험을 하고 어떤 역량을 키우고 있는지를 고려하지 않는다. 누구나 타인에게 영향을 미치는 생산자, 발화자, 콘텐츠 제작자가 될 수 있는 것이 너무 당연한 시대다. 서로 영향을 주고받는 행위자로서 어린이, 청소년은 새로운 미디어 공간에서 실제 어떤 경험을 하고 있고, 어떤 역량, 다시 말해 어떠한 미디어리터러시를 쌓아 가고 있을까?

이때 미디어리터러시란 우리가 미디어 환경에서 생활할 때 요구되는 다양하고 복합적인 역량을 의미한다. 아주 간략히 표현하면 미디어를 잘 읽고, 잘 쓰며, 미디어를 기반으로 잘 소통하고 참여하는 능력을 의미하는 것인데, 이는 단순히 미디어 기기나 테크놀로지를 능숙하게 활용하는 것을 의미하는 것이 아니다. 미디어 콘텐츠나 정보를 '비판적'으로 읽어 내며, '창의적'으로 나의 의사를 표현하고, '윤리적 책임감을 가지고' 소통하며 참여하는 능력을 의미한다. 따라서 어린이를 대상으로 미디어리터러시 교육을 할 때에도 미디어 활용 능력에 대한 교육에서 그치는 것이 아니라, 미디어 공간에서 어떤 태도를 가지고 어떻게 정보를 받아들이고 만들어 내는지를 살펴야 한다. 그리고 미디어를 기반으로 한 디지털 사회, 즉 공동체를 구성해 나감에 있어 이것이 무엇을 의미하는지를 성찰하고 상상할 수

김아미

있도록 지원하는 데 초점을 맞추어야 한다.

어린이의 목소리로
어린이 문화 탐색하기

이 글은 어린이가 미디어 공간에서 경험하는 미디어 리터러시 실천을 살펴보는 연구와 맥락을 같이한다. 실제 어린이가 미디어 공간에서 어떠한 '위험과 기회'(Livingstone et al., 2017)를 경험하고 있는지, 이에 대한 어린이들의 인식은 어떠한지를 탐색함으로써, 어린이와 미디어에 대한 논의 가운데 어린이의 목소리를 전면에 내세우는 것을 목표로 했다.

　이를 위하여 어린이, 특히 초등학교 고학년 학생들이 많이 이용하는 미디어인 유튜브에 초점을 맞추고, 어린이의 유튜브 경험에 대한 탐색적 연구를 실시했다. 어린이의 유튜브 문화를 탐색하기 위하여 나는 활동 중심 초점그룹 면담을 주요 연구 방법으로 선택했고, 시각화를 가능하게 하는 활동을 응용했다.[2] 이

[2]　초점그룹 면담은 연구자가 연구 참여자에 비해 연구 주제에 대한 지식이나 경험이 부족할 경우 유효한 연구방법으로, 주어진 주제에 대

는 연구 참여자를 연구 주제의 '전문가'로 상정하고 그
들의 목소리를 최대한 연구 결과에 반영하기 위한 노
력의 일환으로, 특히 어린이의 문화를 탐색함에 있어
유의미하다.(Clark and Moss, 2011.)

어린이는 유튜브를 어떻게 인식하고, 어떻게 경험할까?

연구에 참여한 어린이들은 대부분 유튜브를 학교에 입
학하기 전 부모의 소개로 접하게 된 친숙한 플랫폼이
자, 사용하는 데 전혀 어려움을 겪지 않는 진입장벽이
낮은 플랫폼으로 인식하고 있다. 학생들은 유튜브를
직관적으로 편안하게 접근할 수 있는 미디어로 인식하

해 면담 참여자들이 자유롭게 이야기를 나누면서 논의가 심화되고 다양
화될 수 있다는 강점이 있다.(Creswell and Poth, 2018) 또한 어린
이라는 연구 참여자의 특성을 고려하여 두 가지 주요한 활동을 중심으
로 초점그룹 면담을 진행했다. 첫 번째 활동은 유튜브를 생각할 때 떠오
르는 단어 다섯 개 써 보기, 두 번째 활동은 유튜브 사용 설명서 만들어
보기다. 이와 같은 활동중심 면담의 목적은 연구 주제에 대한 대화를 촉
진하고, 결과물을 만드는 과정에서 연구 참여자의 논의를 활발히 만들기
위함이다. 특히 이 활동들은 언어 위주의 질의응답 대신 만들기, 그리기
등 언어 이외의 사고 및 표현 방식을 제공하는 시각적 연구방법(김아미,
2017)을 응용했다.

김아미

고 있으며, 면담에 참여한 교사 등은 유튜브에 대한 학부모의 부정적 인식이 게임에 비해 낮은 편이라 지적했다.

첫째, 개인 계정으로 소통하고 표현하기

질문: 유튜브 그러면 다 계정을 가지고 있어요?

다 같이: 네.

보미(6학년, 여): 저희는 업로드 때문에.

지우(6학년, 남): 구독하려고요.

은하(6학년, 여): 업로드, 구독, 댓글, 좋아요. 뭐 이런 거 하려고.[3]

어린이들은 유튜브에서 다양한 소통을 경험한다. 유튜브는 단순히 콘텐츠를 소비하는 곳이 아니라, 영상에 반응을 보이고 그에 대한 의견을 제시하며, 이를 바탕으로 친구 혹은 온라인에서 처음 만난 사람들과 소통

[3] 연구 참여자의 이름은 연구윤리상 가명 처리했다.

하고, 동시에 직접 영상을 만들어 올리는 환경이라는 의미를 가진다. 또한 자신이 올린 댓글에 대해 다른 사용자가 의견이나 공감을 하는 경험을 하는데, 이러한 과정에서 동시적 소통과 비동시적 소통이 섞여 진행되는 경험을 하기도 한다.

이처럼 어린이에게 유튜브는 소통의 장이자 나를 표현하는 장으로 의미를 가지기 때문에, 면담에 참여한 학생들은 개인 계정을 만들어 유튜브를 사용하는 것이 중요하다고 강조한다. 일부 아이들은 부모의 계정을 활용하기도 하지만 대부분은 자신의 계정을 만들어 운영하고 있었는데, 연구에 참여한 어린이들의 경우 유튜브에 계정을 만들기 위한 권장 연령인 만 14세에 미치지 못했으므로 대개 가짜 생년월일을 기입하여 계정을 만들고 있었다.

한편 어린이들은 자신의 나이보다 많은 나이로 정보를 입력하여 유튜브 서비스를 이용하는 과정에서 예상치 못한 '위험'에 노출되기도 한다. 어린이들은 유튜브에서 영상을 보다가 '야한 광고'가 나와서 깜짝 놀랐다는 경험을 공유했는데(보미, 6학년, 여), 이는 계정 가입을 위해 입력한 생년월일에 해당하는 이용자 대상

김아미

맞춤 광고에 노출된 것으로 볼 수 있다.

둘째, 문화적 코드를 공유하고 감정의 파고를 경험하기

연구에 참여한 어린이들은 유튜브에서 소통할 때 유튜브 이용자 중심으로 만들어지고 있는 암묵적인 문화 코드를 인식하고 있었다. 예를 들어 어린이들은 유튜브 내 소통과 관련된 암묵적 규칙을 설명했는데, 영상에 대한 선호 정도에 따라 '좋아요' 누르기, 그보다 더 좋다고 판단이 되면 댓글 남기기, 계속 보고 싶을 정도로 좋으면 구독하기의 순으로 선택하여 자신의 의견을 표현한다. 영상에 대해 부정적인 생각이 들 경우 '싫어요'를 누르거나, 정도가 더 심할 때는 댓글로 의견을 남기거나 '신고'를 했다.

참여자들은 자신이 올린 댓글에 다른 사용자들이 '좋아요'를 많이 누르거나 자신이 운영하는 채널의 구독자 수가 늘어나기를 원하고, 이때 느끼는 '감정'과 '즐거움'을 이야기했다. 어린이들에게 유튜브는 단순히 콘텐츠나 정보를 일방적으로 소비하는 공간이 아니라,

스스로 표현하고 다른 사람과 소통하면서 느끼는 감정에 대하여 생각하게 하는 공간이기도 하다. 직접 겪은 경험을 바탕으로 유튜브 내에서의 소통이 상대방과 자신의 감정에 영향을 미침을 인지하고, 조심해야 한다

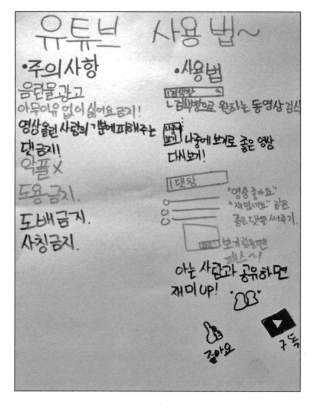

[참고 자료 1] 면담 활동으로 제작한 '유튜브 설명서'(B초등학교 학생)

김아미

고 이야기하는 모습을 볼 수 있다.

　　이처럼 경험을 토대로 어린이들이 획득하고 있는 온라인 공간에 대한 이해에 대하여 교육적 의미를 부여할 필요가 있다. 온라인상은 정보만이 아니라 감정이 오가는 공간이라는 어린이의 성찰은 사이버 불링이나 온라인 혐오 발언 등에 대한 교육으로 연결할 수 있다. 기성 세대가 어린이의 미디어 이용 시간을 규제하는 등 통제 중심의 교육을 선호하는 원인 중 하나는, 미디어를 정보나 오락을 위한 목적성 공간으로 이해하기 때문일 수 있다. 그러나 연구에 참여한 어린이들에게 유튜브 같은 미디어는 어린이들에게는 감정을 느끼고 새로운 소통을 하며 내가 온라인상에서 한 발언이 익명의 누군가에게 상처를 줄 수 있다는 것도 느끼는 일상의 공간이자 사회화의 공간이라 할 수 있다. 이처럼 어린이가 성찰을 통해 알아가고 있는 유튜브 속 소통의 특성 등이 현장의 미디어리터러시 교육에 반영되어야 어린이의 삶에 실제적으로 도움을 줄 수 있는 교육이 가능하다.

셋째, 내가 누구인지 드러내고 실험해 보기

어린이들은 유튜브를 정체성 구현 및 실험의 공간으로 경험하고 있다. 연구에 참여한 학생들은 자신의 채널에 영상을 올리는 시도를 하고 있는데, 이때 크리에이터인 '나'의 정체성을 어느 정도 드러내느냐와 관련하여 시행착오를 경험하기도 했다.

> 소연(5학년, 여) : 옛날에, 지금 말고 옛날에, 2, 3학년 때? 그때는 편집을 못하니까 목소리 공개를 했는데, 그때 악플 다는 사람들이 많았었어요. 그래서 그때 잠시…….
>
> 지민(5학년, 남) : (농담하듯이) 충격을 먹어 가지고 유튜브를 그만두고!
>
> 소연(5학년, 여) : 그때 상황에는 제가 유튜브를 잘 못 다루고 사람들이 악플을 다니까 신고를 어떻게 할 줄은 모르고. 유튜브 다룰 줄도 모르니까 그냥 유튜브를 안 한 적도 많고. 이제 편집 좀 하게 됐으니까, 목소리 공개 안 하니까 사람들도, 구독자 수도 좀 되

김아미

고 그래요.

연구에 참여한 어린이들은 유튜브에 계정을 만들어 관리하면서 자신의 이야기를 찍어서 올리는 일에 재미를 느끼고 있었다. 유튜브는 손쉽게 자신의 이야기를 하고 콘텐츠를 만들어 공유할 수 있다는 장점을 가짐과 동시에, 그렇게 콘텐츠를 공유했을 때 겪을 수 있는 위험에 대응하는 방법은 잘 모르고 있음을 알 수 있었다. 위의 사례처럼 자신의 나이나 성별 등이 공개되자 단순히 어리다는 이유로 악성 댓글을 받는 경험을 통해 나의 정보, 나의 정체성을 어느 정도까지 노출해도 되는 것인지에 대한 경계를 갖게 된다. 시행착오를 통해 스스로 배우고 있는 것이다.

또한 이러한 시행착오의 과정에서 아이들은 '평판관리'의 문제를 겪기도 한다. 디지털 기반 미디어가 가지는 소통의 비가역성 및 온오프라인의 경계가 뚜렷하지 않은 초등학생들의 특성으로 인해, 위의 소연이의 경우처럼, 온라인에서 일어난 에피소드가 오프라인에서 공유되어 곤란했던 경험을 겪기도 한다.

어린이에게 유튜브 등의
사용 시간이나 사용 콘텐츠를
규제, 제한하는 방식의 교육은
어린이가 새로운 미디어
공간에서 경험하는
다양한 기회를 강화하고
위기를 극복하는 데
도움이 되기 어렵다.

김아미

어린이가 미디어에서의
새로운 기회와 위험을
개인적으로 경험하도록
방치하는 것이 아니라,
이들의 미디어리터러시
획득을 지원할 수 있는 교육이
필요하다.

어린이가 안전한 시행착오를
겪기 위하여

이처럼 어린이는 유튜브를 중요한 오락의 공간, 소통의 공간이자 자신의 정체성 표현을 시험하는 공간으로 인식하고 있다. 그러나 유튜브라는 플랫폼은 어린이를 이용자로 염두에 두고 만들어진 공간이 아니다. 또한 사용자 역시 다양하여 완전히 안전한 공간으로 기능한다고 보기는 어렵다. 연구에 참여한 어린이들은 유튜브에서 소통과 표현의 새로운 기회를 경험하지만 동시에 그에 수반하는 위험 역시 경험하고 있다.

그러나 어린이에게 유튜브 등의 사용 시간이나 사용 콘텐츠를 규제, 제한하는 방식의 교육은 어린이가 새로운 미디어 공간에서 경험하는 다양한 기회를 강화하고 위기를 극복하는 데 도움이 되기 어렵다. 기성세대는 어린이가 경험하는 미디어를 후속적으로 추적할 수밖에 없는 입장이다. 또한 어린이의 미디어 경험은 또래문화와 밀접하게 연관되어 기성세대에게 비가시적인 형태로 진행되는 경우가 많다. 이런 조건에서 어린이가 미디어에서의 새로운 기회와 위험을 개인적으

김아미

로 경험하도록 방치하는 것이 아니라, 이들의 미디어 리터러시 획득을 지원할 수 있는 교육이 필요하다.

먼저 어린이에게 유튜브나 자신이 즐겨 이용하는 미디어 경험에 대한 이야기를 나누고 성찰할 수 있는 교육적 기회를 제공해야 한다. 이는 온라인상에서의 소통과 실천이 오프라인의 삶과 대등하게 중요한 생활의 일부로 여겨지는 지금 어린이, 청소년 세대에게 필수적인 교육이다. 더불어 어린이를 대상으로 유튜브 등 새로운 미디어와 관련된 교육적 접근을 시도할 때 이곳이 어른 사용자와는 또 다른 또래문화의 공간임을 이해하고 존중하여야 한다. 어린이들에게 유튜브 등의 온라인 공간은 교사나 기성세대에게 가시화되지 않은 문화적 코드가 존재하는 곳이다. 또한 사회화와 또래문화에 대한 이해와 형성이 진행되는 공간이기도 하다.

이를 충분히 이해하고 어린이의 문화를 존중하는 태도를 지녀야만 그들의 새로운 미디어 경험에 대한 의미 있는 대화의 첫발을 뗄 수 있다. 이러한 마음가짐이 어린이의 삶에 유효한 미디어리터러시 교육을 가능하게 하는 출발점이다.

2500년 전의 인플루언서들

고대 그리스의 문학과 신화, 고전기 아테네의 수사학과 철학에 관심이 깊은 서양고전학자. 서울대학교 불어교육과를 졸업하고, 같은 대학 철학과에서 플라톤 연구로 석사학위를, 서양고전학협동과정에서 호메로스의 서사시 연구로 석사학위를 받고 박사과정을 수료한 후 프랑스 스트라스부르대학교 고전학과에서 아리스토텔레스의 시학과 수사학 연구로 박사학위를 받았다. 현재 서울대학교 인문학연구원 부교수(HK교원)로 재직 중이다. 지은 책으로 『인문학의 뿌리를 읽다』, 『그리스문학의 신화적 상상력』, 『천년의 수업』 등이, 옮긴 책으로 플루타르코스의 『두 정치 연설가의 생애』, 『그리스의 위대한 연설』(공역) 등이 있다.

김헌

[주요어] #연설가 #설득의정치 #민주주의

[분류] 철학 > 수사학

수많은 청중이 모인 가운데 한 사람이 연단에 선다. 순식간에 사람들의 이목이 집중되고, 마침내 그가 입을 연다. 마음에 품었던 감정과 생각이 언어로 가다듬어지고 하나의 의견으로 구성되어, 목소리에 담겨 대기를 뚫고 청중의 귀로 흘러든다. 그의 말을 듣고 청중이 공감하면 환호성이 터지고 찬성표가 던져진다. 반대로 청중의 마음이 굳게 닫히면 그의 외침은 튕겨져 나가 청중의 야유와 비난에 짓이겨져 허공에 흩어진다.

기원전 6세기가 저물어 갈 무렵, 아테네에서 시작된 혁명적인 풍경이다. 아테네는 민주주의를 발명하여 정치 체제에 도입했으니 기원전 508년은 아테네 민주정 탄생의 해다. 개혁을 주도한 사람은 아테네 민주정의 아버지라 불리는 클레이스테네스. 모든 시민에게 차등 없이 정치적 권리와 책임을 부여하는 평등법과, 독재적인 권력을 휘두를 가능성이 있는 사람을 사전에 색출해 도시에서 쫓아내는 도편추방제가 개혁의 뼈대였다. 시민들은 민주정을 환영했고 적극적으로 국정에 참여했다. 민주정의 힘을 바탕으로 아테네는 동방의 거대한 제국 페르시아의 침략을 두 차례나 막아 냈으며, 서구 문명의 뿌리가 된 '고전기(Classical Period)'를 열었다.

민주주의 원칙에 따라 조성된 유례없는 정치적 환경 속에서 부각된 이들이 바로 연설가(rhētōr)였다. 특정 목적으로 마련된 정치적 판에 모인 청중에게 '공적으로 말하는(rhē-) 사람(tōr)'인 연설가의 목표는 또렷했다. 청중을 '설득(peithō)'하는 것이다. 설득이란 연설가가 말을 통해서 자기 신념을 드러내어 청중의 마음속에 스며들고 자리 잡게 만드는 일이다. 설득이 성공하면 청중은 그에게 표를 던지고, 연설가는 정치적인 힘을 발휘한다. 이 과정은 연설가로부터 청중 '안으로(in)' 생각과 감정, 의견과 가치가 '흘러들어 스며듦(fluens)', 즉 '침투(influens; influxio)'다. 이런 의미에서

김헌

연설가는 고대 아테네의 영향력 갑 노릇을 한 '인플루언서(influencer)'다.

설득을 통한 영향력의 행사는 비단 옛 아테네에서만 있었던 것은 아니다. 동서고금을 막론하고 사람들이 소통하는 곳에서 나타나는 보편적 현상이다. 그렇지만 기원전 5~4세기의 아테네에서 펼쳐진 설득의 양상에 지금 우리가 특별히 주목할 이유가 있다. 그곳에서는 입법과 정책 결정을 위해 모든 시민이 의회에서 발언할 수 있었으며, 법정에서는 소송에 연루된 시민이 다른 시민들로 구성된 배심원 앞에서 직접 고소하거나 변호해야 했다. 따라서 시민이라면 누구나 연설가가 될 수 있었다. 연설가는 처음에는 아마추어였지만, 대중에게 인기를 얻으면 프로의 반열에 섰다. 그리고 일단 프로급으로 인정을 받으면 그 영향력이 급증했다. 이렇게 일반인이 소통 능력을 이용해 영향력을 획득하는 과정은 오늘날 인플루언서의 대두와 묘하게 겹쳐진다.

병든 몸에 드는 약처럼
정신에 작용하는 말의 힘

연설가는 어떻게 청중을 설득할 수 있을까? 내 안의 감정과 관념, 의견을 언어로 표현해 다른 사람들을 이해하고 공감하게 해서 내 편으로 만드는 일이 어떻게 가능할까? 이 설득이라는 신비로운 현상을 경탄한 시인 헤시오도스(기원전 8~7세기)는 그것이 음악과 시의 여신 무사(Mousa)들이 인간에게 내리는 선물이라고 했다. 무사의 선물을 받은 사람들은 난관을 타개할 지혜로운 의견을 달콤한 목소리와 감미로운 언어에 담아 청중을 감동시킬 수 있단다.[1] 심지어 수사학 교사이자 소피스트로 알려진 고르기아스도 "말(logos)이란 병든 몸도 치료하는 약(pharmakon)과 같은 신비로운 효력을 가지고 있다."라고 역설했다.[2]

이는 연설가의 매력을 그럴싸하게 그려 내는 묘사이지만, 내가 주목하는 것은 철학자 아리스토텔레스

---

[1] 헤시오도스, 『신통기』 81~93행. 이하 그리스어 원전은 모두 저자의 번역이다.

[2] 고르기아스, 『헬레네 찬가』 [14].

의 수사학이다. 아리스토텔레스는 설득을 신화의 영역에서 지상으로 끌어내려 지성의 실험대 위에서 학문적으로 분석하고 정리하여 체계화했다. 연설가는 어떻게 청중을 설득할 수 있는지를 체계적으로 따져 묻고, 그 이전의 설명과 논의들을 비판적으로 검토한 결과가 『수사학』이라는 저술이다.[3] 수사학이란 rhētorikē의 번역인데, '연설가(rhētōr)의 기술(-ikē)'이라는 뜻이다. 연설가의 목적은 설득이라는 영향력을 끼치는 것이므로 수사학은 '설득의 기술'이며, 나아가 '영향력을 발휘하는 비결을 탐구하는 학문'이다.

> 말이란 세 가지로 구성된다. 말하는 사람, 말에 담긴 내용, 그리고 말이 향하는 사람. 말의 목적은 마지막과 통한다. 즉 듣는 사람이다.[4]

---

[3] 아리스토텔레스의 『수사학』은 세 권으로 이루어져 있다. 1권은 수사학을 정의하고 장르를 구분한 후, 세 장르에 적절한 논제를 제시한다. 2권은 청중의 감정을 움직이는 방법과 논리적인 설득의 방법을 제시한다. 3권은 수사학적 표현과 배치에 관한 논의다. 천병희의 원전 번역(숲, 2017)과 이종오, 김용석의 중역(리젬, 2007~2008)이 출간되어 있고, 한석환은 포괄적인 연구서(서광사, 2015)를 내놓았다.
[4] 아리스토텔레스, 『수사학』 제1권 3장 1358a37~b2.

아리스토텔레스는 설득이 세 가지 요소로 구성된다고 보았다. 연설가와 청중, 그리고 그 둘을 이어 주는 말. 일반 용어로 말하자면 발화자, 수신자, 메시지이다. 발화자의 메시지가 어떻게 수신자에게 안착할수 있는가를 탐구하는 것이 수사학인 한, 모든 종류의의사소통을 탐구하는 학문은 결국 수사학적 요소를 가지며, 따라서 수사학을 방법론으로 활용할 수 있다. 커뮤니케이션과 스피치, SNS, 광고, 마케팅 등의 연구에는 직접적으로 유효하며, 정치가가 말을 통해 유권자와 소통하는 한 정치학과도 깊은 관련이 있다. 실제로아리스토텔레스는 수사학이란 정치학에서 솟아난 가지이며, 수사학이 정치학의 가면(skhēma)을 쓰고 있다고 말한다.[5] 작가와 독자, 작곡가/연주가와 관객의관계에 주목하면 수사학은 문학적, 미학적인 분석의도구가 될 수 있으며, 가장 포괄적으로는 모든 인간관계에 일정 부분 개입되지 않는 곳이 없을 정도다.

그렇다면 설득은 어떻게 이루어지는가? 설득은몸이 아니라 정신의 작용이므로 그 비결 또한 정신에

[5] 아리스토텔레스,『수사학』제1권 2장 1356a25~30.

김헌

서 찾아야 한다. 아리스토텔레스는 정신의 구성 요소를 세 가지로 나눈 뒤, 각각에 적절한 영향을 줄 때 설득이 이루어진다고 밝힌다. 여기에서 그 유명한 '로고스, 파토스, 에토스'가 나온다.

첫째, 이성(logos)을 공략해야 한다. 연설가는 문제가 무엇인지를 청중에게 명확하게 설명한 뒤, 해결을 위한 자신의 의견이 어떻게 타당한지를 논리적으로 설명해야 한다. 하지만 청중이 논리적으로는 이해하고 수긍해도 연설가를 미워하고 있다면 연설가의 설득이 실패하는 경우가 허다하다. 따라서 감성(pathos)을 자극하는 것이 둘째다. 연설가는 청중의 감정을 누그러뜨리고 차분하게 논리에 따를 수 있도록 진정시키면서, 동시에 자신을 향한 적대감을 지우고 호감을 심어야 한다. 셋째는 품성(ēthos, 성격으로도 번역된다.)을 통한 접근인데, 아리스토텔레스는 이 요소가 영향력을 발휘하게끔 하는 가장 큰 역할을 한다고 짚었다. 연설가가 청중의 '도덕적, 윤리적 의식에 맞는(ēthikos)' 사람이며, 그래서 '정말 믿을 만한 인물이다'라는 인상을 줄 때 설득력이 가장 높다는 것이다. 후일 중세 수사학에서는 이 세 구성 요소 이외에도 영성이 있음을 강조하며 영성을 깨우는 설교수사학을 발전시킨다.

아테네 민주정에서 활약한
고대 영향력자의 초상

청중의 마음을 공략하는 이러한 방법에는 보편적인 유효성이 있다. 그런데 아리스토텔레스는 이 방법을 아테네 민주정이라는 그 시대 고유의 특정한 틀 안에서 탐구했다. 당대의 청중은 세 종류로 나뉘는데, 고대 수사학자들은 청중에 따른 연설의 세 장르에서 탁월한 역량을 보여 준 대표적인 연설가들을 꼽았다.

첫 번째 청중은 법정에서 판결을 맡은 배심원들이다. 이들은 피고의 과거 행위를 놓고 죄의 여부와 경중에 따른 형량을 판결했다. 소송 당사자들은 직접 연설을 준비해야 했지만, 승소를 위해서는 보통 연설문 작성 전문가(logographos)를 찾았다. 이들은 의뢰인들에게 유리한 법정 연설문을 제공해 재산을 모았으며 사회적 영향력으로 명망을 쌓았다. 당대 최고의 법정 연설문 작성가로 꼽힌 인물이 뤼시아스(기원전 459/458~380년)다. 뤼시아스는 특히 연설 의뢰인의 품

김헌

성을 잘 부각시켜 배심원들의 신뢰를 얻는 문체로 명성이 높았다.

두 번째 청중은 프뇍스 언덕의 민회에 모인 19세 이상의 아테네 성인 남자들, 즉 시민들이다. 이들은 폴리스의 미래를 위해 제안된 법안이나 정책을 승인할 정치적 결정권을 가지고 있었다. 법과 정책의 제안은 모두에게 열려 있었지만, 현실에 대한 정확한 판단과 희망을 주는 정치적 상상력에 유려한 말솜씨로 청중의 신망을 받은 인플루언서들은 따로 있었다. 자신의 제안이 도시에 유익하니 시행해야 한다고 권유하는 반면, 상대방의 그것은 무익하거나 유해하다는 주장으로 청중을 만류하는 의회 연설의 대표자로는 단연 데모스테네스(384~322년)가 꼽힌다. 데모스테네스는 필립포스와 알렉산드로스가 이끄는 마케도니아가 무섭게 확장하고 있을 때, 그에 맞서 싸워 아테네의 독립과 자유를 지키자고 대중을 설득해 오피니언 리더로 급부상했다. 사실 군사령관 같은 공직도 없는 일개 시민이었는데도 아테네의 정치적 향방을 결정하다시피 한 것이다.

세 번째 청중은 다양한 공적 예식에 모인 남녀노소 외국인 포함의 아테네 거주민들 전체였다. 전사자를 추모하기 위해 아고라나 디오뉘소스 극장에, 또는 축제를 위해 스타디움 모인 청중들에게는 위의 두 장르에서처럼 판결을 내려야 하는 부담이 없었다. 장례식의 연설가는 전사자들의 넋을 기리며 그 용기와 업적을 칭찬하고 적을 비난하며, 청중은 기꺼이 연설가의 말에 마음을 열고 숙연하게 애도한다. 제전의 연설가라면 주신(主神)을 찬양하고 참가자와 지도자, 도시에 축복을 쏟아부으면 된다. 연설가의 찬사에 과장이 있다 해도 진위를 문제 삼고 덤벼들 청중은 없다. 연설가와 청중은 사전에 이미 모종의 합의와 공감을 한 상태이기 때문이다.

이런 연설의 대표자로 이소크라테스(436~338년)가 꼽힌다. 그는 학교를 운영하는 수사학 교사였는데, 기원전 380년에는 올림피아 제전에 초청되어 연설할 기회를 얻었다. 공직에 나섰던 적도 없지만, 그의 재능과 이념에 대한 명망은 그리스 전역으로 조용히 퍼져 나가고 있었다.

이소크라테스가 발표한 연설은 그리스 역사를 극적으로 바꿨다. 당시는 페르시아의 위협에 직면해 있던 그리스가 서로 갈등하고 싸우느라 위기가 안팎으

김헌

로 고조되고 있을 때였다. 이소크라테스는 그리스인들이 한마음 한뜻으로 힘을 모아 그 힘으로 페르시아를 정복하자고 당찬 제안을 했다. 이른바 범그리스주의(panhellenism). 하나가 되는 것도 힘든데, 페르시아를 치자고? 말도 안 되는 소리처럼 들렸지만, 그는 그리스인들의 저력을 강렬하게 부각시켰다. 먼 옛날 조상들이 연합군을 구성해서 트로이아 전쟁을 일으켰고 승리를 거두었던 전설을 상기시켰고, 한 세기 전에는 페르시아의 침략을 두 차례나 막아 내지 않았느냐고 강조하며 이소크라테스는 그리스인들의 자신감을 북돋아 주었다.

그로부터 50년 가까이 이소크라테스는 범그리스주의를 지속적으로 외쳤고, 그리스의 여러 유력자들에게 편지와 연설문을 보냈다. 사람들의 의식은 조금씩 변했고, 마침내 이를 실현할 불세출의 영웅도 등장했다. 바로 알렉산드로스였다. 알렉산드로스는 제2의 트로이아 전쟁이라 할 페르시아 원정을 감행했고, 10년 동안의 정복 활동을 통해 그리스의 영토를 남쪽으로는 이집트까지, 동쪽으로는 인도 서쪽까지 넓혔다. 그 역사적인 사건이 이소크라테스의 올림피아 연설에서부

고대 그리스의 연설가들은
현실에 근거하며 주장에
논리성을 지켰으며,
사람들의 감성을 파고드는
한편, 오랜 시간동안
지속적인 활동과 주장을 통해
자신들의 품성에 대한
대중의 신뢰를 키워 나갔다.

김헌

그로부터 2500년이 지나
우리 시대의 인플루언서는
무엇을 지향하고
어떻게 행동해야 할까?

터 시작되었다고 본다면, 수사학으로 무장한 연설가라는 고대의 인플루언서의 힘이 어느 정도였는지를 가늠할 수 있을 것이다.

고대 그리스의 연설가들은 현실에 근거하며 주장에 논리성을 지켰으며, 사람들의 감성을 파고드는 한편, 오랜 시간동안 지속적인 활동과 주장을 통해 자신들의 품성에 대한 대중의 신뢰를 키워 나갔다. 그로부터 2500년이 지나 우리 시대의 인플루언서는 무엇을 지향하고 어떻게 행동해야 할까? 끝으로 인용할 이소크라테스의 연설 중 한 대목은 '의견들'을 폄하하는 당대의 철학자들에 대해 다양한 의견을 분별할 수 있는 능력을 가진 사람이라면 누구나 철학자라고 말하며 건강한 미래를 상상하는 데 단서를 준다.

지혜와 철학에 관하여 말씀드리자면, 다른 사람들이 철학이라고 말하는 것은 있을 수 없습니다. 우리가 무엇을 행해야만 하며, 무엇을 말해야만 하는지를 알려 주는 그런 지식 따위도 인간의 본성상 가질수가 없습니다. 제 생각은 이렇습니다. 지혜로운 사람이란 시의적절한 의견들을 통해서 많은 경우에 더

김헌

좋은 결과에 이를 수 있는 사람이며, 그와 같은 분별력을 민첩하게 취하는 능력을 얻으려고 노력하는 사람이 바로 철학자입니다.[6]

---

[6] 이소크라테스, 『안티도시스』, 270-1. 연설문의 내용을 글의 맥락에 맞게 정리한 인용으로, 정확한 원문은 다음을 참조하라. 이소크라테스, 김헌 주해, 『'어떤 철학'의 변명: 이소크라테스의 연설문 교환소송(Antidosis)에 관하여』(서울대출판문화원, 2019).

팔로어에게는
힘이 없다

연세대학교 독문학과와 같은 과 대학원을 졸업한 뒤, 독일 훔볼트대학교 독문학과에서 박사학위를 받았다. 현재 연세대학교 독문과 교수로 재직 중이다. 지은 책으로 『프리드리히 키틀러』(공저) 『텍스트, 하이퍼텍스트, 하이퍼미디어』 『하이퍼텍스트: 디지털 미학의 키워드』 등이, 옮긴 책으로 『보이지 않는 것의 경제』 『예술·매개·미학』(공역) 등이 있다.

유현주

[주요어] #문자매체 #브로드캐스팅 #보호모드
[분류] 독문학 > 매체이론

빠르게 진화하는 디지털 네트워크와 소셜미디어의 발달로 사회 각 분야에서 적지 않은 영향력을 행사하는 인플루언서들이 등장했다. 이들이 자신의 영역에서 구축한 영향력이란 일차적으로 가상세계에서 이루어진 것이지만, 그 파급력이 실제 사회 전반으로 이어진다는 점은 인상적이다. 가상은 애초에 현실의 복제에서 출발했지만, 이제는 역으로 가상에서 태어나 현실로 침투하는 것들이 많아지고 있다는 예이기 때문이다.

인플루언서가 소유한 '현실' 권력은 무엇보다도 이들을 팔로우하는 사람들의 숫자에서 나온다. 구독자를 뜻하는 팔로어 숫자가 크다는 것은 이들이 내놓는 의견이 순식간에 수많은 사람에게 전파될 수 있다는 뜻이다. 우리의 모바일 기기가 켜진 상태이기만 하다면 내가 구독하는 인플루언서의 의견을 어느 장소에서라도 실시간으로 수렴할 수 있으며, 심지어 신문과 같은 전통적으로 보수적인 대중매체에서도 각 이슈에 대해 인플루언서가 언급한 내용을 재편집하여 유포하기도 한다. 이러한 현실 세계에서의 노출은 구독자 수를 더욱 더 늘리는 데 일조하며, 결과적으로는 해당 인플루언서의 영향력을 강화시키는 방향으로 계속하여 순환한다.

구독자 수의 크기로 인물이 가진 영향력의 정도가 판단되는 일들이 새로운 매체가 제공하는 플랫폼에 의해 가능하게 된 것이라면, 인플루언서라는 존재 자체가 우리가 사용하는 매체의 특성을 집약적으로 보여주는 현상이라고 할 수 있겠다. 모든 매체는 각기 특유의 형식적 특성을 가지며, 이것은 전달의 방식만이 아니라 전달하는 내용에도 영향을 미치기 때문이다. 매체는 과연 투명한 도구인 적이 있었던가? 일견 한없이 무해하게 보이는 도구로서의 '매체'가 가진 예측불허의 함의가 다시금 논의의 중심에 서는바, 이와 관련된 오래된 그리고 새로운 논쟁들을 인플루언서 개념과 함께 소환해 보고자 한다.

매체에 대한 우리의 기대

매체이론에 대한 안내서를 쓴 디터 메르쉬는 책 머리
말에 "매체란 타자가 있기에 존재하는 것"[1]이라고
서술한다. 이 아름다운 정의는 사실상 주체와 타자의
선험적 분리에 기반하고 있는데, 나와 너 사이에 무언
가가 수신되거나 송신되기 위해서, 그리고 그것을 저
장하고 다시 재현하기 위해서 우리는 무언가의 매개를
반드시 필요로 한다는 것이다. 왜 너는 내가 아니고 너
인가. 왜 나는 너가 될 수 없고 나인가. 이 좁혀지지 않
는 태고의 간격을 오가는 것으로 매체는 상정되었다.
그리하여 새로운 매체가 등장할 때마다 우리는 아(我)
와 비아(非我) 간의 성공적이며 상호 평등한 소통을 기
대하지만, 실상 인간이 고안해 낸 것 중에서 이를 실현
시켜 주었다고 평가받는 매체는 역사를 통틀어 한 번
도 없었다.

[1] 디터 메르쉬, 문화학연구회 옮김, 『매체이론』(연세대학교출판부,
2007).

이와 관련된 가장 오래되었고 또한 가장 유명한 논쟁은 기원전 4세기 플라톤이 행한 문자 비판일 것이다. 소크라테스의 입을 빌려 들려주는 신화 속에서 문자를 고안해 낸 테우트 신은 이를 인간의 기억을 증진시킬 놀라운 매체라고 소개하지만, 이야기를 듣던 타무스 왕은 고개를 가로젓는다. 문자는 인간으로 하여금 스스로의 힘이 아닌 외부 기호의 힘에 의존하게 함으로써 오히려 망각을 유발한다. 더 의미심장한 내용은 그다음에 나온다. 문자는 죽은 지식만을 일방적으로 전달할 뿐, 상대방의 반응에 대하여 즉각적으로 변형되는, 살아 있는 통로가 되지 못한다.[2] 우리는 책의 저자가 적어 놓은 내용들을 일방적으로 전달받을 뿐, 우리의 의견을 다시 전해 줄 수도, 또 책을 읽으며 생겨난 의문에 대해서도 질문할 수 없다. 이러한 이유로 플라톤은 자신이 멘토로 있는 아테네의 엘리트 청년들을 대화법으로 가르쳤던 것이다. 송신이나 수신은 물론 저장과 재현이 가능했던 인류 최초의 매체, '문자'는 그렇게 양방향 소통은 불가능하다는 판정을 아주 미리

[2] 플라톤, 조대호 옮김, 『파이드로스』(문예출판사, 2008).

유현주

부터 받았다. 플라톤이 대화법으로 나눈 생생한 지혜들은 현재의 우리들로서는 알 길이 없는데, 그가 경시했던 문자로 저장된 문자 비판은 오히려 지금까지 전해진다는 아이러니가 있기는 하지만 말이다. (이러한 이유로 발화되자마자 사라지는 언어는 매체가 아니다.)

　　문자라는 매체가 가진 전달과 확산의 힘은 문자의 대중화 시기인 인쇄매체의 시기에 접어들자 최고조로 증명된다. 구텐베르크 인쇄술의 가장 큰 수혜자 중 한 명인 마르틴 루터가 부패한 가톨릭을 비판하며 작성한 3대 논문 중 한 편은 2주간 4000부, 1년이 채 안 되는 기간에 50만부라는 지금으로서도 놀라운 속도로 유럽의 지식인들 사이에 유포되었고, 이는 루터가 선임자들과 다르게 자신의 지지자들을 확보할 발판이 되어 주었다. 또한 신문과 잡지라는 초기 대중매체에서 이러한 정보 확산의 기능은 여러 차례 칭송받았으나, 그에 대한 독자의 피드백은 매우 제한적인 것이었다. 물론 시간이 걸리기는 해도 문자가 인쇄매체를 통해 나르는 새로운 정보는 시대정신을 생산하고 역사의 큰 흐름들을 바꾸어 놓았다고 평가할 수 있다. 그러나 그 과정은 길게는 몇 세대가 소요되는 긴 시간이었다.

새로운 형태의 양방향성을 가진 매체의 출현, 그리하여 정보의 수용자가 즉각 생산자로 전환될 수 있는 매체의 출현은 계속해서 지연된다. 19세기부터는 과학과 산업의 발달로 이에 기반한 새로운 기술매체들이 속속 등장하기 시작하며, 이때부터 신매체가 등장하면 지금까지와는 다른 소통의 역할을 할 것이라는 기대감이 고조되었다가 다시 냉각되는 하나의 패턴이 시작되었다.

캘리포니아 이데올로기

제2차 세계 대전 당시 독일의 극작가 브레히트가 꿈꾸었던 라디오 유토피아가, 60년대 플럭서스 예술을 이끌던 요셉 보이스가 사용했던 제록스 복사기가, 바로 이러한 새로운 형태의 소통과 양방향성에 대한 기대를 담은 (실현되지는 못한) 담론들이다. 브레히트는 라디오가 가진 놀라운 정보의 전파 기능에 더해서, 세계 곳곳에서 라디오를 청취하는 수신자가 다시 자신의 정보를 송신할 수 있다면 완벽한 쌍방향 매체가 될 것이라고 보았다. 요셉 보이스는 폐쇄적인 엘리트 예술에 반대하여, 지나가는 시민들이 제록스 복사기로 복사한

유현주

그림 위에 즉흥적으로 덧그리고 자신만의 판본을 만들 수 있게 했다. 그리고 이를 모아 하나의 진행형 작품을 전시하는 공공예술 프로젝트를 진행했다. 이는 모두 지금까지 정보의 수신자로만 남아 있던 수용자를 생산자로 전환하려는 시도였다. 그렇지만 이러한 시도가 구상 혹은 예술 실험으로 끝난 반면, 매체의 시스템 자체가 이러한 구조를 가능하게 해 줄 것이라는 기대는 다름 아닌 디지털매체의 출현 이후 가장 증폭되었다. 초기 디지털매체는 무엇보다도 바로 그 양방향성으로 높이 칭송되었던 것이다.

우리가 어느덧 꽤 오래전에 지나쳐 온 1990년대가 새로 등장한 전자 네트워크, 더 정확히는 가장 대중적인 플랫폼이었던 월드와이드웹에 대한 기대감이 계속 상승하던 시기였다. 이때 미국 서부 해안가 지식인들을 중심으로 신자유주의와 IT혁명이 결합된 '캘리포니아 이데올로기'가 선포되었다.[3] 이곳에서는 현실세계의 모든 차별과 장애가 사라진 '전자 민주주의'에

[3] Inke Arns, *Netzkulturen*(Europäische Verlagsanstlalt 2002).

대한 선언문[4]이 연일 이어졌으며, '민주적인' 디지털 세계의 새로운 시민계층을 묘사하는 신조어로 디지털 매체를 잘 다루는 새로운 지식인이라는 뜻의 '디제라티(digerati)'[5]라는 말이 널리 유포되었다. 그 중심에는 일견 평등해 보이는 횡적인 전자 네트워크가 실현할 새로운 세상에 대한 낙관이 있었다. 위계질서의 해체와 아래로부터의 민주주의가 이야기되었으며, 불특정 다수를 대상으로 방송하는 브로드캐스팅을 대신할 매우 개인적인 미디어가 실현될 것으로 보았다.

그러나 1990년대 중반 이후 인터넷이 빠르게 상업화되고 나서, 가상 세계라는 곳도 실제 세계와 마찬가지로 수없이 많은 제약과 경계, 암호들, 개인 정보에 대한 위협에 더해 온갖 버그와 악의적 바이러스로 가득한 곳이라는 것을 깨닫기까지는 그리 오랜 시간이 걸리지 않았다. 또한 지역 및 국가 간 기술과 경제적

[4] 예를 들면 전자 프론티어 재단(Electronic Frontier Foundation)을 창립한 존 페리 발로가 주축이 되어 1996년 발표한 「사이버스페이스 독립선언문(A Cyberspace Indepencence Declaration)」 같은 것들이 대표적이다.
[5] 디지털(digital)과 리터라티(literati)의 합성어로, 국내에서도 영미권의 영향을 받아 한때 학문적 유행어로 회자되었다.

유현주

여건으로 인한 차별, 즉 로그인한 자와 로그인하지 못한 자 사이의 간격도 점점 더 커져 갔다. 따라서 인류사의 새로운 밀레니엄과 함께 도래한 것은 인터넷 그리고 테크놀로지 전반에 대한 차가운 각성이다. 다시 돌아본 인터넷 세상은 캘리포니아 이데올로기가 그렸던 장밋빛 환상과는 많은 거리가 있었다. 새로운 가상 국가의 디제라티들은 국적과 인종, 성별을 초월한다는 주장과는 달리 실제로는 백인 중산층 젊은 남성들로만 이루어져 있었으며, 디지털매체 또한 그 자체로 평등한 소통의 네트워크를 지향하지 않았다. 디지털 네트워크는 구조적으로 열려 있지 않았던 것이다.

닫힌 구조와 보호 모드

이전 디지털 몽상가들의 이상적 콘셉트와 비교해 보면 현재 인터넷이 가진 구조적 취약점은 분명하다. 확실히 몽상가들은 이상적인 시스템을 꿈꾸었다. 인간의 자유로운 연상에 따라 정보를 분류하고 검색할 수 있는 도구를 구상했던 1940년대 버니바 부시의 메멕스[6] 시스템이나 1960년대 누구든지 자신의 텍스트를 덧붙일 수 있는 자유로운 정보의 우주를 상상했던 테드 넬슨의 하이퍼텍스트 다큐버스[7]가 그것이다. 특히 넬슨의 하이퍼텍스트 시스템은 기존의 텍스트를 언제라도 고칠 수 있고, 또 다양한 텍스트를 동시에 불러내어 비교할 수 있는 시스템으로 구상되었다. 새로운 버전의 텍스트는 이전의 것과 함께 매번 저장될 수 있었다. 완전히 열린 구조를 지향한 이러한 모델은 아마도 바로 그 이유로 실현되지 못했다. 인터넷을 본격적으로 실현시키고 대중화시킨 월드와이드웹은 검색의 편리성과 정보의 안정성을 추구하기 위해 기존의 웹페이지에 방문자가 자신의 생각을 덧붙이거나 링크를 추가할 수 있는 기능을 허용하지 않았다. 이것은 일반적으로 전자 미디어가 '열린 구조'를 가졌다는 통념에 상반되는 것이다. 웹사이트 상에서 무언가를 변형시키거나 덧붙이는 작업은 저자/원저자, 그리고 현대의 저자인 프로그래머가 허용한 특정한 장소에서만 가능하다. 한마디로 내가 클릭할 수 있는 것은 이미 정해져 있는

[6] memex. 오늘날 널리 쓰이는 하이퍼텍스트의 원형에 가까운 기억확장장치(memory extender).
[7] docuverse. 문서(document)와 우주(universe)의 합성어.

링크다. 링크 외의 것으로 나의 독서는 뻗어 나가지 못한다. 그리고 이러한 닫힌 구조는 위키피디아[8]같이 오픈소스로 진행되는 몇몇 프로젝트 외에는 현재 모든 디지털 네트워크에서 동일하게 유지된다.

인간과 기계, 혹은 생산자와 수용자가 서로 가까워지는 것을 목표로 테크놀로지가 발달할수록, 매체의 표면 그 뒤에 놓인 기술적 간격은 한없이 커지고 있는 것이다. 마지막 단계에서 우리는 친절하게 아이콘으로 모든 것을 설명해 주는 사용자 친화적 환경 이면에 있는, 극단적인 양극화의 세계를 보게 된다. 표면 아래 코드에 접근이 허용된 소수 집단과 표면 위에만 머무는 평범한 다수의 사용자로 나뉜 세계 말이다.

이러한 테크놀로지의 발전 방향은 '보호 모드(protected mode)'라는 용어로 요약된다. 독일의 매체학자 프리드리히 키틀러(Friedrich A. Kittler)는 컴퓨터 산

---

[8] 위키피디아는 누구나 참여할 수 있는 개방형 플랫폼을 지향하고 있는 전자 네트워크상의 백과사전이다. 그러나 표면에 내세우는 것과는 다르게 내용의 상당 부분은 매우 열성적인 소수에 의해 이루어진다는 것은 공공연한 사실이며, 프로젝트가 민주적일수록 그에 담기는 내용의 질은 하향한다는 네트워크 프로젝트의 전형적인 특성을 가지고 있는 점이 단점으로 지적된다.

중세 시대에 문자를 독점하기
위해 엘리트 계층이 보통
사람들에게 성경을 삽화로
친절하게 설명해 주었던
것처럼, 우리 시대 지배
계층은 평범한 유저로부터
전체 시스템을 '보호'하고
그 대신 한없이 친절한 그래픽
사용자 환경을 제공해 준다.

유현주

모든 디지털 매체와
마찬가지로 소셜미디어도
프로그램한 자와 단순히
프로그램의 사용자라는
권력관계에 의해, 그리고
소셜미디어 특유의
팔로어 숫자에 의해 결정되는
권력관계에 의해 움직인다.

업체의 목표는 하드웨어를 소프트웨어 뒤로, 전자 기표들을 사용자 친화적 인터페이스 뒤로 감추는 데 주력하는 것이라고 보았다.[9] 중세 시대에 문자를 독점하기 위해 엘리트 계층이 보통 사람들에게 성경을 삽화로 친절하게 설명해 주었던 것처럼, 우리 시대 새로운 지배 계층은 평범한 유저로부터 전체 시스템을 '보호'하고 그 대신 한없이 친절한 그래픽 사용자 환경을 제공해 준다. 실상 우리는 내가 구입하여 사용하는 컴퓨터 운영 체계로부터 '신뢰할 수 없는 프로그램'을 다운받는 '신뢰할 수 없는 사용자'로 인식되고 있는 것이다. 우리가 무단으로 운영 체계의 입력/출력 채널에 액세스하는 것을 방지하기 위해 소위 보호 소프트웨어가 상시적으로 구현되고 있으며, 디지털 네트워크 속에서도 같은 원칙이 작용된다. 우리가 마주하는 모든 페이지는 매우 친절하게 그래픽과 아이콘으로 조직되어 있다. 우리는 이들이 정한 룰에 따라서 정해진 곳에 사진을 올리고 하루의 감상을 적고 지인에게 쪽지를 보낸다. 모든 곳은 고맙게도 그림으로 표시되어 있다.

[9] Friedrich A. Kittler, *Protected mode, in: Draculas Vermaechtnis: Technische Schriften*(Reclam, 1993).

　　　　　　　　　유현주

캘리포니아 이데올로기에 대한 뼈아픈 각성이 무색하게, 2010년대가 되자 소셜미디어 붐이 다시 한 번 일어났다. 1990년대 초반 나왔던 낙관적 담론들이 무비판적으로 재생산되었던 것이다. 말하자면 캘리포니아 이데올로기의 부활이었다. 동일한 패턴으로, 이번에도 '재스민 혁명'으로 명명된 감동적인 전자 민주주의의 가능성이 이야기되었으며, 중심이 해체된 탈위계적 구조가 강조되었다. 수용자의 생산자적 전환, 아래로부터의 민주주의, 1인 미디어…… 모두 한 번쯤 들어 본 듯한 익숙한 캐치프레이즈가 마치 새것인 양 등장했다. 화려한 소셜미디어의 표면 속에 작동하는 보호모드에 대해 다시 한 번 떠올려 본다면 우리는 다음과 같이 질문해 볼 수 있다. 페이스북이나 트위터, 인스타그램의 적극적인 참여자는 과연 1인 미디어를 실현하는 창조적 생산자일까? 아니면 상업적으로 완벽하게 완성된 프로그램을 단순히 소비하는 소비자일 뿐인가?

　　모든 디지털매체와 마찬가지로 소셜미디어도 일차적으로는 프로그램한 자와 단순히 프로그램의 사용자라는 권력관계에 의해, 그리고 이차적으로는 소셜미디어 특유의 팔로어 숫자에 의해 결정되는 권력관계에 의해 움직인다. 따라서 매우 뛰어난 확산 도구는 될 수 있을지언정 상호 평등한 소통 도구는 되기 어렵다는 인식은, 언제나 그렇듯 한 박자 늦게 출현하는 중이다. 수용자를 생산자로 고무시키는 문제는 새 매체가 등장할 때마다 논의되는 화두이지만, 우리 시대의 주도 매체인 디지털 기반의 커뮤니케이션 매체가 이를 온전히 실현할 것이라는 기대는 지난 세기의 경험을 무색하게 하는, 늘 되풀이되는 환상으로 보인다.

그리고 바로 이 글의 서두에서 언급한 대로 우리 시대 인플루언서의 존재가 바로 그 증거가 되어 준다. 트위터와 같은 소셜미디어는 근본적으로 웹 구조가 아닌 결절점에서 계속 가지를 뻗어 나가는 나무 구조를 가졌다. 서로 얽혀서 중심과 비중심이 사라진 리좀과 같은 구조는 탈위계를 지향하지만, 소셜미디어에서 관찰할 수 있는 나무 구조는 사실상 매우 위계적이다. 글을 올리자마자 순식간에 뻗어 나가는 정보의 확산 양상은 이러한 구조를 입증한다. 하나의 꼭짓점에서 하위 구조로 갈수록 많은 결절점들이 생기며 정보를 실

유현주

어 나르는 통로가 되는 것이다. 우리는 누군가를 팔로우함으로써 이 구조 속에 자발적으로 합류한다. 우리가 소셜미디어의 힘을 실감하는 순간은 유감스럽게도 '가짜 뉴스'와 같이 부정적이거나 잘못된 정보의 놀라운 유포 속도인 경우가 잦아졌다.

시대를 달리하며 모든 매체의 정보 전달 양상은 아직까지 부수적인 부분을 제외하고 대체로 이 나무 구조를 벗어나지 못했다. 다만 피라미드의 꼭짓점은 과거에는 브로드캐스팅이라는 몇 개의 지점이었다면, 이제는 무수히 많은 개인 인플루언서들로 나누어졌을 뿐이다. 말하자면 몇몇의 거대 피라미드에서 수없이 많은, 크고 작은 피라미드로 재설정되었다. 그러나 피라미드 구조 자체는 변하지 않고 유지된다. 각 꼭짓점마다 오늘날의 인플루언서들이 위치한다. 나는 오늘도 몇 개의 피라미드로부터 신속하게 정보를 수렴한다. 나로부터 꼭짓점으로 향하는 정보의 흐름은 어디에서도 일어나지 않는다. 인플루언서는 나의 영향을 받지 않는다.

선한 영향력 평가하기

동아시아 비교문학, 지성사, 독서문화사, 냉전문화연구 등 20세기 한국학의 다양한 분야에 대해 공부하고 있다. 동국대학교 국어국문학과와 같은 대학원을 졸업하고 현재는 인하대학교 한국어문학과 부교수로 재직 중이다. 『동양론과 식민지 조선문학』(2011), 『제국의 기억과 전유: 1940년대 한국문학의 연속과 비연속』(2012), 『제국대학의 조센징』(2019)을 썼고, 공저로 『문학과 과학』(2013), 『대한민국 독서사』(2018) 등이 있으며, 『고향이라는 이야기』(2007), 『제국대학: 근대 일본의 엘리트 육성장치』(2017) 등을 함께 옮겼다.

정종현

[주요어] #선한영향력 #유학생 #조선물산장려운동
[분류] 역사학 > 한국근현대사

근대의 인플루언서,
조선의 일본 유학생

대학에 있기 때문에 연말이면 입시와 관련한 면접에 들어갈 때가 있다. "사회에 선한 영향력을 끼치는 사람이 되고 싶다." 면접장에서 가장 자주 듣는 말 중의 하나다. 학생들이 이구동성으로 말하는 '선한 영향력'은 우리 시대 인플루언서에 따라붙는 췌사이다. 선한 영향력이란 과연 무엇일까. 사회에 기여하겠다는 학생들의 선의를 곡해하고 싶진 않지만, 욕망의 존재인 인간이 과연 선한 영향력이라는 공적 이익만을 추구하는 이타적 존재로 사는 것이 가능할까?

나는 이 질문의 답을 근대 유학생들의 사례에서 찾고 싶다. 21세기의 인플루언서를 다루면서 근대의 유학생을 언급하는 것이 다소 의아하게 여겨질지도 모르겠다. 인플루언서를 'SNS에서 많은 구독자를 가진 사용자나 포털사이트의 파워 블로거'로 정의한다면 가당치 않겠지만, 이전까지 없었던 새로운 매체를 통해 신지식을 대중에게 전파하여 영향력을 떨치는 '셀럽'으로 이해한다면 근대의 유학생들도 인플루언서에 해당할 것이다.

조선이 망해 가던 시절, 한반도의 청년들은 근대의 지식을 구하러 현해탄을 건너 도쿄로 향했다. 그들이 도착한 당시 메이지(明治) 일본의 화두는 서구 따라잡기였다. 이를 위해 일본인들은 서양의 개념과 제도를 번역했다. 조선의 유학생들은 일본에서 자리 잡기 시작한 철도, 학교, 기업, 언론 등 새로운 테크놀로지의 위력적인 영향력을 목격했다. 그들은 자신들이 일본에서 배운 근대적 경험을 조선에서 실현하기를 열망했다.

그중에서도 당대의 잡지들은 요즘 식으로 말하면 SNS이자, 파워 블로그였고, 새로운 지식의 네트워크로 들어가는 포털사이트였다. 대중들은 이곳에서 청년 유학생 인플루언서들이 소개하는 새로운 지식을 받아들였다. 당대 포털 사이트의 하나인 《청춘》에 기고한 글에서, 이광수는 "우리는 선조도 없는 사람, 부모도 없는 사람으로 금일 금시에 천상에서 이 땅에 강림한 신종족"[1]이라 자처했다. 이광수의 주장처럼, 유교적 '꼰대'들과는 근원적으로 다른 지식을 체득한 유학생들은 근대 한국에서 가장 영향력 있는 집단으로 등장했다.

근대 전환기 대표 '셀럽' 들여다보기

그렇다면 이들 근대 전환기의 유학생 인플루언서를 대표할 '셀럽'은 누구일까? 《한편》의 편집자들은 최근에 간행된 나의 『제국대학의 조센징』 중 누군가를 써 주길 바랐는지도 모른다. 이 책에서 조사한 일본 제국대학에 유학한 1000여 명의 조선 유학생의 면면은 당대

[1] 이광수, 「자녀중심론」, 《청춘》 제15호, 1918. 9.

인플루언서로 손색이 없다. 내 본업인 문학 분야에서 찾아보더라도, 최남선과 이광수를 비롯해 모두가 알 만한 높은 인지도를 지닌 유학생 출신 문인들도 줄을 서 있다.

그럼에도 그들을 제쳐 두고, 이 글의 주인공으로 사립 대학인 와세다(早稲田) 출신의 인촌 김성수를 선택할 수밖에 없었다. 근대 유학과 인플루언서라는 주제에서 그는 매우 특별한 사례다. 정치나 경제, 언론과 문학 중의 한 두 분야에서 두각을 나타내거나, 한시적으로 영향력을 가졌던 이들은 매우 많다. 반면 김성수는 국민 국가의 중요 영역인 정치, 경제, 언론, 교육 등 대부분의 분야를 망라하여 기원이 되는 제도를 설립했으며, 현재까지도 그 제도들을 지속시키는 데에 성공한 독보적인 인물이다.

윤리적인 평가는 잠시 유보하면서 그의 생애에서 중요한 경력을 간추려 보자. 1914년 도쿄 와세다 대학의 정경학부를 졸업하고 귀국한 김성수는 1915년 중앙학교를 인수하여 학교장이 되었다. 1919년에는 주식회사 경성방직을 설립했고, 1920년에는 《동아일보》를 창간했다. 1932년에는 고려대학교의 전신인 보성전문학교를 인수하여 운영했다. 해방 이후에는 한국민주당의 당수였으며, 1951년부터 1952년까지 대한민국의 제2대 부통령을 지냈다.

김성수의 이력에 대해서는 극단적으로 서로 다른 평가가 있다. 그는 '민족주의'와 '근대화'의 이념을 내세우며 자신의 사업을 조선사회의 이익과 합치시키려 노력했다. 그의 업적에는 친일이라는 짙은 얼룩이 남아 있고,[2] 조선의 이익을 내세웠지만 결과적으로는 가문의 이익을 추구했다는 비판의 소리도 높다. 공적 이익을 추구하며 영향력을 창출하면서 동시에 그것을 사적 이익으로 회수하는 데 성공한 김성수의 삶은 이른바 '선한 영향력'의 복합성을 이해하는 가늠자가 될 만하다.

[2] 김성수는 1962년 대한민국 건국공로훈장 복장(複章)을 추서받았지만, 이후 식민지 말기 각종 친일 단체에 참여하고 《매일신보》 등의 매체에 학병 독려 등의 글을 발표한 행적이 밝혀져 2018년 국무회의 의결로 서훈이 취소되었다. 김성수의 친일 이력에 대해서는 『친일인명사전』(민족문제연구소, 2009)을 참조할 것.

1920~2020년,
《동아일보》는 누구의 것인가?

《동아일보》는 올해 창간 100주년이 되었고 지령 3만 호를 발간했다. 영국의 《더 타임스》와 《가디언》, 미국의 《뉴욕 타임스》, 일본의 《아사히신문》 등에 이어서 세계에서 일곱 번째로 이룬 쉽지 않은 기록이다. 하지만 요즘 한국의 많은 대중들은 《동아일보》를 100년의 역사를 지닌 자랑스러운 언론이 아니라 '찌라시'와 '기레기'라는 경멸의 언어로 조롱하는 데 더 익숙한 것처럼 보인다.

그렇지만 《동아일보》의 출발은 지금과는 아주 달랐다. 《동아일보》는 3.1운동의 거센 열기가 휩쓸고 지나간 1920년 창간되었다. 3.1운동은 일본의 통치자들을 당황케 했다. 육군 출신 데라우치 총독의 무단통치에 대한 비판이 거세졌고, 총독을 교체하며 정무총감으로 유능한 문관 미즈노 렌타로를 딸려 보냈다. 미즈노는 "불을 때는 데 굴뚝이 없으면 솥이 파열한다."라며 조선인 신문을 허용했고, 곧바로 《동아일보》와 《조선일보》가 창간될 수 있었다.

정종현

전국 각지의 민간 유지들을 발기인으로 모아 《동아일보》 창간을 주도한 것은 김성수이지만, 그 가능성의 공간을 열어준 것은 3.1운동에서 보여 준 식민지 민중들의 저항의 힘이었다. 식민지 대중들의 만세 열기가 제국 권력의 중심부에 심각한 위기감을 조성했고, 그 순간 제한적이나마 '문화 통치'라는 타협적 정치 공간이 생긴 것이다. 바로 그 열린 공간에서 대유학자 하서(河西) 김인후(金麟厚)의 후손이라는 후광과 전라도 고창의 지주 가문의 재력을 배경으로 한 김성수의 정치력이 신문 설립 인허가라는 결실을 맺을 수 있었다.

《동아일보》 100년의 역사에는 영욕이 교차한다. 이 신문은 해방기 모스크바 3상회의의 신탁통치 오보로 분단을 초래했고, 오랜 세월 권력자에 영합하고 기득권을 옹호했다. 하지만 손기정 일장기 말소 사건, 언론 자유를 위한 '동아투위', 박종철 열사 고문치사 보도 등 저항과 민주화의 불씨를 지핀 숭고한 순간도 있었다. 《동아일보》 100년은 인플루언서 김성수와 그 일가의 것이 아니라 3.1운동의 민중들, 언론 투쟁에 백지 광고로 후원한 시민들 등 이 땅의 '팔로어'들이 함께 만든 것이다.

김성수의 생애는 '팔이피플'과
'선한 영향력'의 사이
어디쯤엔가 위치한다.

정종현

한국 사회에 선한 영향력을
끼칠 가능성을 지닌 새로운
매체와 제도를 만든 그의
공적과 함께, 그 영향력을
가문의 이익으로 가져간
과오를 아울러 인식해야 한다.

조선물산장려운동,
저항과 광고 사이

김성수는 일본 유학을 통해 민족의 독립은 경제적 자립을 통해 가능하다는 신념을 형성했다. 그는 민족을 위한 공업의 육성과 민족자본 형성이 조선의 살길이라고 확신했다. 이에 따라 1917년 광목제조회사인 경성직뉴주식회사를 인수하여 운영했고, 1919년에는 경성방직을 설립했다. 1926년부터는 교토제대 경제학부를 졸업하고 돌아온 동생 김연수에게 회사의 운영을 맡겼고, 이후 경성방직은 식민지 조선의 굴지의 기업으로 성장했다.

경성방직은 서구의 방직업을 일찌감치 따라잡은 일본의 값싸고 질 좋은 옷감과 정면으로 경쟁하기 어려운 후발 업체였다. 경성방직의 옷감은 일본 본토의 생산품에 비해 질이 나빴고 가격도 비쌌다. 이때 경성방직을 도운 것이 《동아일보》를 중심으로 일어난 조선물산장려운동이었다. 품질이 조금 떨어지더라도 조선 기업이 생산한 토산품을 쓰자는 "내 살림은 내 것으로"라는 민족주의적 호소에 힘입어 경성방직의 '태극성' 광목은 경쟁에서 살아남을 수 있었다.

김성수의 사업은 민족주의와 근대화의 논리 속에서 설립되고 성장했다. 그는 민족의 장래를 위한 중추 기관을 육성하고자 했으며, 그러한 기관들의 설립을 위해 지주로서 축적한 집안의 자산을 아낌없이 투자했다. 그러나 그에게 민족의 근대화는 곧 가문의 이익이기도 했다. 김성수가 운영한 《동아일보》를 중심으로 전개된 물산장려의 캠페인은 민족주의와 근대화라는 김성수의 일관된 신념을 구현한 것이지만, 인플루언서의 감성적 민족 마케팅에 기댄 '팔이피플'의 상품 광고로 비난받을 측면도 가지고 있었다.

실제로 조선인 기업이 생산하는 물건을 쓰자는 물산장려운동은 토산품 가격의 급등을 가져왔다. 경성방직은 큰 이익을 남겼으나 서민들은 이에 반비례해 손해를 보았다. 열악한 노동 조건 개선과 급여 인상을 외쳤던 '경방'의 영등포 여직공들에게도 과연 경성방직이 '민족 기업'이었을까? 조선물산장려운동은 간디의 스와데시(Swadeshi, 자립 경제) 운동과 관련되어 언급되지만, 적어도 간디는 영국 상품 배척으로 직접적인 이익을 누리는 기업을 소유하고 있진 않았다.

'팔이피플'이냐
'선한 영향력'이냐

김성수는 물산장려운동에 참여하면서 동시에 1923년
에 식민지 조선사회에서 활발하게 전개된 조선민립대
학기성회에서도 활약했다. 일본은 식민지 조선에 실용
기술 교육만을 시행하며 고등교육 기관을 허용하지 않
았으므로, 기성회는 조선인 자제들을 교육시킬 민립대
학 설립을 목표로 기금을 모금했다. 김성수는 회금(會
金)보관위원이 되어 기성회의 금고지기로 활동했다.
알다시피 일본은 민립대학을 불허하고 그 대신에 경성
제국대학을 설립했다.

　김성수는 1932년 경영난에 빠진 보성전문을 인수
하며 좌절된 민립대학의 꿈을 이어 가고자 했다. 그는
보성전문이 자신의 신념인 민족주의와 근대화를 실현
시킬 민족의 대학이라고 자부했다. 김성수의 이런 자
부를 보성전문에 대한 당대 대중들의 (무)의식에서 확
인할 수 있다. 이를테면 이광수는 장편소설 『흙』에서
보성전문 출신의 신실한 주인공 허숭과 경성제대 출신
의 부랑아 김갑진의 대립을 통해 보성전문(민족) 대 경

　　　　　　정종현

성제대(반민족)의 구도를 인격화하기도 했다.

한국민주당 역시 근대 한국 정당의 역사에서 하나의 기원적 제도에 해당하는 사례이다. 2020년 4월, 21대 국회의원 선거에서 압승을 거둔 더불어민주당의 역사를 되짚어 보면 김성수와 송진우가 창당한 한국민주당(한민당)에 가 닿는다. 친일과 친미, 친자본적 성향으로 비난받는 한민당이 4.19혁명으로 집권한 민주당과 이후 김대중과 김근태, 노무현과 문재인으로 상징되는 한국 '민주당' 계열의 기원에 자리한다는 것은 지금의 더불어민주당이 지우고 싶어 하는 불편한 사실이다.

이처럼 《동아일보》, 경성방직, 보성전문, 한민당 등은 유학을 통해 근대 지식을 습득한 명민한 청년 인플루언서가 그 지식을 통해 대중에게 영향력을 획득하며 수립한 기원적인 제도들이다. 김성수의 생애는 '팔이피플'과 '선한 영향력'의 사이 어디쯤엔가 위치한다고 할 수 있다. 한국 사회에 선한 영향력을 끼칠 가능성을 지닌 새로운 매체와 제도를 만든 그의 공적과 함께, 그 영향력을 가문의 이익으로 가져간 과오를 아울러 인식해야 한다. 무엇보다 인플루언서의 선한 영향력이란 것이 존재한다면, 그것을 만들고 유지시키는

힘은 무엇보다 '깨어 있는' 팔로어들의 참여와 관심이
라는 것을 기억해야 한다.

정종현

영향, 연결, 행동

청소년기후행동 활동가. 기후위기를 알고 나서 열일곱 살 최대의
고민이 시험도, 연애도 아닌 앞으로의 생존이 되어 버렸다. 억울
해서 뭐라도 해야겠다는 생각이 강하게 들었다. 그리고 2019년
가을, 내가 느낀 공포를 알리기 위해 학교 친구와 기후행동을 시
작했다. 최근 '청소년기후소송'에 원고로 참여했다.

윤해영

[주요어] #그린인플루언서 #미래세대 #기후행동
[분류] 사회학 > 환경문제

나는 2019년 10월부터 기후위기를 알리는 시위를 친구와 해 왔다. 학기 중에는 매일 아침 30분 일찍 등교해 신정중학교 교문 앞에서, 주말에는 울산대공원 정문에서 시위를 했다. 개인적인 실천을 요구하는 정도에 그치고 싶지 않아 방학에는 울산시청으로 나갔다. 길 건너의 학교 종소리를 들으며 엘리베이터를 기다리던 내가 아침잠을 줄이고 피켓을 들었다. 나는 기후위기 앞에서 그 모든 장애물과 비교할 수 없을 정도의 큰 절박함을 느낀다.

'10년 후 멸종위기종'이라는 글귀를 목에 걸고, '기후위기는 생존권, 정의와 평등의 위기다'라는 피켓을 들고 서 있으면 의외로 많은 사람이 다가와 질문한다.

왜 거리로 나왔는지, 무엇이 계기가 되었는지를. 기후 위기의 심각성을 알리기 위해 나왔다고 답하지만, 하나의 동기를 명료하게 말하기는 힘들다. 위기를 인지하고, 행동하기까지 몇 가지 전환점이 있었을 뿐 나는 여러 책과 사람들의 영향을 받았고, 연쇄적인 변화를 경험했기 때문이다.

'그들'을 인식하고 연결되기

처음은 페미니즘과의 만남이었다. 집 책장에서 우연히 뽑아 든 『우리에겐 언어가 필요하다』를 시작으로 연이어 읽게 된 페미니즘 책은 그동안 막연히 느꼈던 불편함에서 무엇이 어떻게 잘못되었는지를 명확한 언어로 이야기해 주었다. 읽는 동안 수십 번 고개를 끄덕였고, 울컥하기도 했다.

　페미니즘의 사고는 일상의 언어를 돌아보게 한다. 예컨대 '양성평등'이라는 말. 이 말은 자기 자신을 여성 또는 남성으로 규정할 수 있는 두 성 사이의 평등을 말한다. 평등을 얘기하는 말에서조차 누군가는 '양성'이라는 범주에 속하지 않아 평등의 대상이 되지 못한다

윤해영

는 사실이 충격이었다. 내가 사용하는 사소한 말 하나하나가 기득권의 언어이고, '우리'에 속하지 못하는 '그들'을 배제했다. 페미니즘은 젠더에 관한 사고만이 아니라, 일상을 지배하는 타자화를 인식하는 계기가 되었다.

케럴 제이 애덤스는 평등은 그저 관념이 아니라고 강조하면서 "다른 사람이나 다른 동물을 대상으로 다루지 않을 때 평등을 실천"하는 것이라고 말한다.[1] 그리고 고병권은 동물들의 처지가 소수자들 일반의 처지와 많이 달라 보이지 않는다고 썼다.[2] 목소리가 거부되는 모든 소수자의 문제는 서로 다르지 않다고 생각하게 된 가운데『동물들의 소송』이라는 책을 만났다. 책 속에서 평범한 식사 이면에 가려져 있는 공장식 축산업의 끔찍한 실상과 고통받는 타자들을 보았다. '가격 경쟁력'을 높이기 위해 좁은 장소에서 밀집 사육

[1] 캐럴 제이 애덤스, 류현 옮김,『육식의 성정치』(이매진, 2018), 14쪽.
[2] "세상에 말할 수 없는 존재란 없으며 단지 듣지 못하는 존재, 듣지 않는 존재가 있을 뿐이다. 그러므로 정치적 존재로서 우리가 던져야 할 질문은 '그들은 말할 수 있는가'가 아니라 '우리는 들을 수 있는가'이다." 고병권,『묵묵』(돌베개, 2018), 108~112쪽.

되는 동물들은 싼값에 팔려 나가기 위한 생을 살고, 죽음으로 완전한 상품이 된다.

이 사실을 인정하니 더는 고기가 고기로 보이지 않았다. 고통을 느끼는 생명과의 연결을 느꼈고, 자연스레 채식을 결심했다. 사실 상품이 된 고깃덩어리 이전에 고통을 느끼는 생명이 존재하는 것은 아주 자명하다. 다만 나는 그것을 직면함으로 일상이 흔들리는 게 싫어 의식적으로 알기를 거부해 왔다. 같은 문장을 반복해 읽으며 많이 운 이유도 여기에 있지 않을까. 일찍이 마주했어야 하는 고통을 이제야 알아본 나의 무심함에 대한 부끄러움, 죄책감, 반성 등의 울음이었을 거다. 그리고 나는 일상의 많은 부분을 바꾸었다.

보통 '채식주의'로 번역되는 비거니즘은 넓은 의미에서는 고통을 느끼는 모든 이들과 연결됨을 의미한다.[3] 실험에 사용되고, 동물원에 진열되는 동물들, 바

---

[3] 김한민은 『아무튼, 비건』(위고, 2018)에서 비건을 이렇게 설명한다. 타자화의 대척점에 연결이 있으며 연결감은 타고나는 것이다. 그러나 사회는 고기와 생명을, 사랑받는 동물과 먹히는 동물을 분리하도록 가르친다. 그렇게 연결이 끊긴다. 비건이 된다는 것은 끊긴 연결을 다시 이어 붙이는 실천으로 "산업과 국가와 영혼 없는 전문가들이 단절시킨 풍부한 관계성을, 어린아이였을 때 누구나 갖고 있던 직관적 연결 고

윤해영

다 쓰레기를 먹고 죽어 가는 알바트로스(크리스 조던의 다큐멘터리 「알바트로스」를 꼭 보라.), 인간이 서식지를 파괴해서 멸종되는 이들 모두와의 연결이다. 기후변화에 경각심을 느끼게 된 것도 그 연장선에 있다. 녹아 없어지는 빙하 위에 위태롭게 서 있는 북극곰, 얼음 대륙이 아닌 축축한 진흙을 밟는 펭귄의 모습에 마음이 아파 기후변화를 공부하기 시작했다.

멸종 위기에 처한 건
알바트로스, 그리고 나

기후변화에 관해 그동안 내가 학교에서 배운 건 기후 위기를 머지않은 미래에 해결될 수 있는 문제로 포장하는 수준이다. 우리나라가 어떻게 잘 실천하고 있는지, 국제 사회는 어떤 노력을 하는지를 다루고, 환경 관련 기술을 소개한다. 플라스틱 줄이기, 재활용, 전기와 물 절약 등 개인적인 실천을 강조하는 것도 빼놓지 않는다. 이렇게 교육을 받은 사람의 대다수는 예전의

리를, 시민들이 스스로의 깨우침과 힘으로 회복하는 사회 운동"(16~17쪽)이다.

나처럼 온실가스로 인한 지구온난화를 인정하지만, 과학 기술의 발전으로 해결될 수 있다고 믿는다. 친구들과 이야기를 나누어 봐도 대개 비슷한 생각을 지니고 있다.

나오미 클라인의 『이것이 모든 것을 바꾼다』는 읽는 내내 화가 났고, 안다는 것에 대한 회의감도 들었다. 특히 탄소 배출권 거래제는 밑줄을 긋고 별표를 치며 기후 문제 해결을 위한 중요한 방법이라 배웠지만 사실상 실패한 제도고,[4] 교과서에 친환경에너지로 소개된 천연가스는 추출과정에서 수질오염과 엄청난 메탄가스를 발생한다. 이름만 대면 알 만한 세계적 기업들이 기후위기를 부정하는 학술단체에 연구비를 대고, 언론재벌들은 시민의 눈과 귀를 가려 과학이 기후 문제를 해결할 수 있을 것으로 믿게 만든다. 저자는 우리 경제는 인간을 비롯한 지구상의 수많은 생명체들과 전쟁을 벌이는 중이며, 지구 기후의 파멸을 피하기 위한 대원칙은 인류의 자원 이용 억제라고 단언한다. 그리고 최근 25년간 이루어진 국제 협상의 역사를 돌아

[4] 나오미 클라인, 이순희 옮김, 『이것이 모든 것을 바꾼다』(열린책들, 2016), 205쪽.

윤해영

보면 기후협상은 난항에 난항을 거듭하다가 목적했던 바를 전혀 이루지 못했고, 경제의 세계화 과정은 빠른 속도로 승리에 승리를 거듭했다고 아프게 지적한다.

따로 공부할수록 학교에서 배웠던 내용의 빈약함에 놀라고, 기후변화의 심각성에 공포감이 들었다. 기후변화 대응을 해도, 하지 않아도, 기후변화는 책 제목처럼 '모든 것을 바꿀' 것이다. 그러니 갈수록 미래에 대한 두려움만 커지는 것은 제대로 된 대응을 전혀 찾아볼 수 없기 때문이다. 내가 기후변화를 인지했을 때는 이미 한참 심각해진 상황이었고, 10년 후 나의 미래가 기후변화로 무너지고 있다.

대응할 시간이 얼마 남지 않은 지금, 높은 곳에 있는 어른들은 아직 유한한 탄소를 기반으로 한 무한한 경제 성장 신화를 굳게 믿는다. 탄소가 오히려 경제에 해가 되는 세상이 도래했음을 인정하지 않는다. 멸종위기종을 위하겠다는 마음이 절대 가볍지는 않았지만, 자신을 스스로 멸종위기라 칭하는 것은 다른 차원의 문제다. 후자에는 공포, 불안, 무엇보다 절박함이란 무게가 더해진다. 더 이상 흔히들 말하는 환경을 위한 개인적인 실천에만 머무르고 싶지 않아졌다.

무력감,
그럼에도 불구하고

기후위기를 공부한 뒤로 가장 힘든 것은 수시로 찾아 드는 무력감이었다.

전 지구 온도 상승을 1.5도로 막는다는 목표와 탄소 예산 소모 시간이 앞으로 8년 남았다는 사실, 코앞으로 다가온 티핑 포인트, 수십억 명의 기후난민, 그리고 여섯 번째 대멸종. 나는 플라스틱 줄이기, 전기와 물 아끼기, 분리수거와 같은 개인적인 실천을 열심히 이행했다. 추울 만치 에어컨이 틀어진 교실에 앉아 있는 것이 불편해 수시로 에어컨을 끄고, 보이는 대로 전기 스위치를 내렸다. 하지만 이렇게 작은 실천을 모아 차근차근 해결해 나가는 정도로 해결될 문제가 아니라는 사실에 첫 번째 무력감을 느꼈다. 과학자들은 국가 차원의 큼직한 전환이 필요하며, 국가의 예산과 인력을 총동원하여도 넘어서기 힘든 위기라 했다. 모든 이들을 향한 전 지구적인 위협 앞에서 나는 너무나 작은 개인이다.

한편 세계 곳곳에서 기후변화 대응을 촉구하는 목

윤해영

소리가 번져 나가고 있다. 스웨덴에서 기후를 위한 등교거부 시위를 시작한 그린 인플루언서 그레타 툰베리를 시작으로 청소년들을 주축으로 하여 기후 문제에 대한 인식과 변화를 촉구하는 시위가 열렸다. '미래를 위한 금요일'이다. 영국에선 며칠간 도로를 점거한 멸종저항 운동이 이어졌다. 세계는 이렇게 먼저 알게 된 사람들의 움직임으로 기후위기 대응에 서서히 집중하고 있다. 벨기에는 이미 탈석탄을 이루었고, 영국, 이탈리아, 포르투갈, 오스트리아 등 많은 나라에서 2025년 또는 2030년 이내로 탈석탄을 약속했다. 미국의 '그린 뉴딜'과 유럽연합의 '그린 딜'은 경제, 산업 시스템의 대전환을 구상하는 개혁 정책이다. 이는 온실가스 감축 과정에서 일자리 창출과 불평등 해소가 가능함을 의미한다. 기후위기 시대에서의 정의로운 전환은 더는 추상적인 담론이 아니다.

그러나 한국은 이런 국제 사회의 움직임에 역행하는 모습을 보인다. 나는 그동안 한국 정부가 내세운 '녹색 성장'이라는 말에 의문을 품은 적이 없다. 중국과 미국을 탓할 준비를 단단히 했는데, 오히려 문제는 한국이라는 것을 알게 되었다. 한국은 세계 온실가스 배출 7위, 탄소 배출 증가율 1위, 기후대응평가지수 (CCPI)가 무려 끝에서 네 번째인 나라다. 물론 기후대응평가에서 중국, 미국이 한국 뒤를 지키고 있긴 하지만 꼴찌와 꼴찌를 간신히 면한 나라끼리 위안을 얻는 게 무슨 의미가 있을까. 미래세대를 위한다고 말하는 동시에 뒤에선 석탄 발전소를 더 짓는 국가의 위선이 나에게 두 번째 무력감을 안겼다.

며칠을 힘들어했다. 사실 지금도 그렇다. 나중에야 알았지만, 내가 경험한 무력감과 절망을 기후불안 또는 기후우울증이라 부른다. 기후불안은 기후위기를 인지한 많은 사람에게 찾아온다고 한다. 그런데 이는 행동의 동기가 되었다. 부정적인 감정에 잠식되고 싶지 않았고, 내가 할 수 있는 한 무언가라도 해야 할 듯했다. 내가 느낀 공포를 알려야 한다는 생각이 들었다.

중학교 3학년 여름, 학교에서 함께할 친구들을 찾았다. 쉽지 않았다. 다들 뭘 시위씩이나 하느냐고 말하거나, 응원은 하지만 함께하기는 부담스럽다고 했다. 혼자 할까 생각도 했는데, 마침 옆 반에 비건이 생겼다는 소문을 들었다. 비건이 소수인 한국이지만 청소년은 더 드물다. 신념이 있어도 급식 문화에서 막히는 경

윤해영

우가 많기 때문이다. 한 학교에, 그것도 같은 학년에서 발견하기는 기적에 가깝다. 무슨 자신감이었는지 모르겠지만 이번엔 진짜 찾았다는 확신이 들며 잔뜩 들떠 만나러 갔다. 이야기를 나눠 보니 원래 환경 문제에 관심이 많은 친구였다. 비건이 된 이유도 축산업이 기후변화에 지대한 영향을 미치기 때문이라 했다. 게다가 자기도 최근 들어 머릿속에서 피켓을 들었다 내리기를 반복했다고 한다.

매일 아침 30분, 주말에는 다섯 시간 이상 현정이와 함께 피켓을 들면서 원 없이 수다를 떨었다. 기후위기와 비거니즘에 대해 눈치 보지 않고 마음껏 얘기할 상대가 생긴 것만으로도 즐거웠다. 인스타그램에서 팔로잉 하는 채널(녹색당, 하말넘많, 닷페이스, 정의당, 동물해방물결), 즐겨보는 유튜브 채널 등 여러 부분에서 관심사가 일치함도 발견했다. 녹색당 피드에 꾸준히 '좋아요'를 누르는 친구는 처음이었다. 왜 서로를 이제야 알았을까 하는 의문이 들 정도로 가치관이 잘 맞았다.

기후위기의 당사자라 느낀
청소년이 기후행동을
시작했듯, 각자에게
소중한 무언가를 향한 위협을
절감할 구체적인 순간이
필요하다.

윤해영

나는 우리 행동이
하나의 결정적인 계기가
되지는 못하더라도,
개인이 변하는 연속적인
과정에 존재하면 좋겠다.

움직이는 우리들,
격려하는 어른들

2학기 중간고사를 마치고 교문 앞에서 기후위기 문제를 알리는 캠페인을 시작했다. 학교 밖으로는 나가지 않는 게 좋겠다는 교장 선생님 말씀이 걸리기도 했고, 우리도 준비가 안 되었다고 생각해서다.

2주 차 즈음에 현정이와 난생처음 경찰서로 갔다. 집회 시위 신고를 하기 위해서. 신고 절차는 생각보다 간단했고 그 주 일요일, 우리는 울산대공원 정문 앞으로 나갔다. 그리고 마침 그날은 태극기를 든 어르신들의 집회도 있어서 들을 수 있는 모든 종류의 비난을 다 들었다.

전교조가 선동했냐, 이럴 시간에 공부나 해라, 환경단체의 사주를 받았냐…….

논쟁이나 비난에 감정적으로 대응해서 혼자 상처받는 일에 대한 고민이 많았는데, 첫날 치른 신고식으로 무의미한 비난에 조금은 초연해질 수 있었다.

시간이 지날수록 우리를 진짜 힘들게 하는 건 무례한 기후 부정론자가 아니었다. 그런 경우는 흔하지도 않을뿐더러 한숨 몇 번 쉬고 나면 금방 잊힌다. 오히려 선한 태도로 다가와 무심히 던지는 말이 차곡차곡 쌓인다.

　"학생들, 기특하네."라는 격려를 많이 받는다. 나쁜 의도가 아니고, 추운 곳에서 시위하는 아이들이 장해서일 거다. 그러나 기후위기는 여러 관계에서 정의와 평등을 둘러싼 위기로 작용한다. 부국과 빈국, 인간과 비인간 동물, 기성세대와 미래세대 등 위협을 초래하는 집단과 그로 인한 피해를 가장 크게, 오랫동안 받는 집단이 명확히 구별되기 때문이다. 더 큰 책임을 져야 하는 쪽이 있음이 분명하다. 그러니 기특하다는 말은 조금 이상하다. 분명히 존재하는 문제를 얘기하러 나왔는데 모두 격려만 하면 책임은 누가 지는 걸까. 이런 생각은 시청 앞에 섰을 때 분명해졌다. 지구 기온 상승을 억제하기 위한 실질적인 방안을 내놓지 않는 정부에게 실망하고, 화나서 나왔는데 오히려 칭찬하는 거다. 잘하고 있다고, 열심히 하라고. 보통 자신이 속한 집단이 공격당하면 불쾌감을 드러내거나 부끄러워한다. 적어도 더 열심히 하길 바라지 않는다. 책임을 회피하는 걸까. 애초에 그들은 무엇이 문제이며, 누

가 바뀌어야 하는지 모른다는 생각에 또 한 번 허탈해
졌다.

격려 뒤에는 또 이런 말이 따라온다. "대학 잘 가
려고 하는 거야?" 학교와 크고 작은 마찰이 생기는 활
동이 대학 가는 데 도움이 될 리 없다. 들었을 때 크게
기분이 상하진 않지만 결국 그 말은 우리 행동의 가치
를 그 정도에 그치게 한다. 청소년의 사회운동은 그 진
정성과 별개로 '기특한 아이들'이라는 말로 섣불리 판
단되는 거다. 청소년이 하는 사회활동에 제약이 큰 한
국이기 때문에 용기를 내서 생존에 대한 절박함을 얘
기한다. 하지만 여전히 많은 이에게 우리의 절박함은
대학에 대한 절박함으로 환원된다.

나이가 어리다는 특징이 관심을 끌지만, 미숙함으
로 인식되어 '너희가 뭘 알아서'라는 시선을 받기 쉽다.
청소년기후행동에서 만난 다른 동료들도 비슷한 경험
을 이야기한다. 가장 흔한 반응은 설명형이다. 너무 한
쪽으로만 보면 안 된다, 이런 건 나중에 커서 해도 늦
지 않다, 너희가 아는 게 다가 아니다 등등. 대입을 앞
둔 한 분은 "이게 네 진로야?"라는 말을 자주 듣는다고
한다.

　　　　　윤해영

그렇다고 무력감을 주는 반응만 있는 것은 아니다. 미안하고 응원한다며 간식을 주는 분, 피켓을 유심히 읽고 기후변화가 이 정도로 심하냐며 놀라는 분, 일주일에 하루, 혹은 하루에 한 끼라도 고기를 먹지 않겠다는 분 등 개인이 변하는 모습을 많이 보았다. 가끔 매일 학교에 일찍 가서 피켓을 드는 게 큰 의미가 있을까 하는 의심이 들기도 한다. 그럴 때 친구들이 이제 햄버거는 먹지 않겠다거나 기후 이슈를 찾아보게 되었다고 얘기하면 그래도 바뀌고 있음을 느낀다. 물론 이는 '변하는 건 개인뿐'과 일치하는 말이기도 하다. 청소년기후행동 동료들이 실질적인 대응을 위해 하루를 분 단위로 쪼개어 열심히 활동했는데 정작 바뀌어야 할 이들은 응답하지 않았다고 얘기한 게 생각난다.

변화는 한순간이 아니라 연속적인 과정 속에 있다

사람들은 눈에 보이는 문제에 관심을 가진다. 기후위기가 아니라 기후위기에 대응하지 않아서 생긴 미세먼지에 더 주목하는 모습이 그렇다. 미세먼지로 뿌옇게 된 하늘은 자신의 건강을 직접적으로 위협하므로 집권자에게 해결 방안을 요구하는 목소리가 높다. 기후위기는 다르다. 기후위기는 다른 재난과 마찬가지로 사회 가장자리에 있는 이들에게 가장 먼저, 가장 치명적으로 찾아온다. 여름에 사상 최악의 폭염이 와도, 에어컨만 틀면 그만인 사람들에게는 아직 와 닿지 않는다. 앞으로 전 지구 평균 온도 1.5도 상승까지 7~8년밖에 남지 않았다고 해도 대부분에게 기후위기는 아직 북극곰과 투발루의 위기다.

타자의 고통에 좀 더 민감해지면 좋겠지만, 내 일상을 침범해야 인식이 바뀐다면 그 지점을 드러내야 하지 않을까. 기후위기의 당사자라 느낀 청소년이 기후행동을 시작했듯, 각자에게 소중한 무언가를 향한 위협을 절감할 구체적인 순간이 필요하다. 나는 우리 행동이 하나의 결정적인 계기가 되지는 못하더라도, 개인이 변하는 연속적인 과정에 존재하면 좋겠다.

책에서 많은 영향을 받았지만, 먼저 행동을 시작한 이들이 없었더라면 거리에 나설 수 있었을까 생각해 본다. 그들은 행동을 주저하던 나에게 용기를 주었고, 지금은 함께 목소리를 내면 바꿀 수 있다는 희망이

윤해영

된다. 서로에게 영향을 주며 크게 번져 나가는 수많은 개인의 목소리는 기후 문제에 책임지지 않던 정부와 기업이 '정의로운 전환'(토니 마조치)에 나서도록 이끌어낼 것이다. 그렇게 노예제가 폐지되었고, 여성이 투표권을 갖게 되었듯이.

참고 문헌(발표순)

이유진 「무슨 일이 일어나고 있나요」

금희조, 「사이버 패러디신문 정치인 관련 기사의 담론: 딴지일보
　　　서사분석과 담론분석을 중심으로」, 《사이버커뮤니케이션학보》
　　　제4호(1999).

김경모, 「새로운 저널리즘 환경과 온라인 뉴스 생산: 전통과 변화의
　　　경계」, 《언론정보연구》 제49권 1호(2011).

김은재·황상재, 「인플루언서 마케팅에서 정보원 유형과 경제적
　　　대가 표시에 따른 광고 효과 연구: 유튜브 플랫폼을 중심으로」,
　　　《한국디지털콘텐츠학회 논문지》 제20권 2호(2019).

미셸 푸코, 이정우 옮김, 『담론의 질서』(새길, 1992, 2011).

권김현영, 손희정, 박은하, 이민경, 『대한민국 넷페미사』(나무연필,
　　　2017).

박구용, 『문파, 새로운 주권자의 이상한 출현』(메디치미디어, 2018).

그레이엄 터너, 권오현·심성보·정수남 옮김, 『셀러브리티: 우리 시대
　　　셀럽의 탄생과 소멸에 관하여』(이매진, 2018).

강준만, 『한국 언론사: 한성순보에서 유튜브까지』(인물과사상사, 2019).

라이언 홀리데이, 한재호 옮김, 『나는 미디어 조작자다』(뜨인돌, 2019).

윤아랑 「네임드 유저의 수기」

정성일, 「모두의 영화비평 시대」, 《GQ》(2017년 9월호).

남웅, 「A/S: 시대착오적 지원 동기와 그 후기」, 《미술세계》(2019년
8월호).

정경담, 「[한국영화 100주년 특집: 한국 영화비평사 돌아보기]
00년대부터 지금까지」, 《마테리알》 창간호(2019년 9월 발행,
https://ma-te-ri-al.online/01s3).

김태원, 「정면교사?」, 《마테리알》 '비평의 비평' 토크(2019년
11월 8일) 기록(https://ma-te-ri-al.online/INTRO/
view/1318784).

세르주 다네, 정락길 옮김, 『영화가 보낸 그림엽서』(이모션북스, 2013).

Pierre Bourdieu, "The Forms of Capital", Richardson,
J., in *Handbook of Theory and Research for the
Sociology of Education*(Greenwood, 1986).

Jacques Lacan, *The Ethics of Psychoanalysis(Seminar
Book VII, 1959~1960)*, trans. Dennis Porter(Norton,
1986).

강보라 「《일간 이슬아》의 진정성」

한병철, 『투명사회』(문학과지성사, 2014).

이슬아, 『일간 이슬아 수필집』(혜엄, 2018).

그레이엄 터너, 권오현·심성보·정수남 옮김, 『셀러브리티: 우리 시대
셀럽의 탄생과 소멸에 관하여』(이매진, 2018).

찰스 테일러, 송영배 옮김, 『불안한 현대사회: 자기 중심적인 현대
문화의 곤경과 이상』(이학사, 2019).

Andreas Kitzmann, "That different place: Documenting
the self within online environments", *Biography* 26.1
(2003).

Alice E. Marwick & danah boyd, "I tweet honestly, I tweet

passionately: Twitter users, context collapse, and the imagined audience", *New Media & Society* 13.1 (2011).

Charles B. Guignon, *On Being Authentic* (Routledge, 2004).

Danah Boyd, *It's complicated: The social life of networked teens* (Yale University Press, 2014).

Robert J. Dostal, "Authority", *The Blackwell Companion to Hermeneutics* (John Wiley & Sons, 2016).

박한선 「인플루언서 vs. 슈퍼전파자」

박한선, 「메르스와 전염병 인류학」, 《생명윤리포럼》 제4권 3호(국가생명윤리정책원, 2015).

_____, 「감염병 대응의 그림자」, 《Future Horizon Plus》 제44호(과학기술정책연구원, 2020).

존 카트라이트, 박한선 옮김, 『진화와 인간 행동: 인간의 조건에 대한 다윈주의적 전망』(에이도스, 2019).

로라 던바, 김학영 옮김, 『멸종하거나, 진화하거나: 로빈 던바가 들려주는 인간 진화 오디세이』(반니, 2019).

이민주 「#피드백 운동의 동역학」

김수아, 「연결행동(Connective Action): 아이돌 팬덤의 트위터 해시태그 운동의 명암」, 《문화와사회》 제25권(2017).

이현재, 「디지털 도시화와 사이보그 페미니즘 정치 분석: 인정투쟁의 관점에서 본 폐쇄적 장소의 정치와 상상계적 정체성 정치」, 《도시인문학연구》 제10권 2호(2018).

천혜정, 「정치적 소비주의, 소비자불매행동 그리고 소셜 미디어: 소셜 미디어 이용 동기 및 정치사회자본을 중심으로」, 《소비자문제연구》 제50권 2호(2019).

에바 일루즈, 김정아 옮김, 『감정 자본주의』(돌베개, 2010).

김아미 「어린이의 유튜브 경험」

김아미, 시각적 연구방법에 대한 인식론적·방법론적 고찰,
  《교육인류학연구》 제20권 1호(2017).
한국마케팅연구원, 책보다는 유튜브, 영상 중심 'Z세대'의 등장,
  《마케팅》 제51권 4호(2017), 32~37쪽.
교육부·한국직업능력개발원 2019년 초·중등 진로교육 현황조사,
  교육부
Livingstone, S., Davidson, J., Bryce, J., Batool, S.,
  Haughton, C., & Nandi, A, "Children's online
  activities, risks and safety: a literature review" by
  the UKCCIS evidence group(2017).
Clark, A., & Moss, P, *Listening to young children: The
  mosaic approach*(Jessica Kingsley Publishers,
  2011).
Creswell, J. W., & Poth, C. N, *Qualitative inquiry
  & research design: Choosing among five
  approaches*(Thousand Oaks, 2018).

김헌 「2500년 전의 인플루언서들」

헤시오도스, 『신통기』.
고르기아스, 『헬레네 찬가』.
아리스토텔레스, 천병희 옮김, 『수사학』(숲, 2017); 이종오·김용석
  옮김, 『수사학』(리젬, 2007~2008).
한석환, 『아리스토텔레스 수사학 연구』(서광사, 2015).
이소크라테스, 김헌 주해, 『'어떤 철학'의 변명: 이소크라테스의 연설문
  『교환소송(Antidosis)에 관하여』(서울대출판문화원, 2019).

유현주 「팔로어에게는 힘이 없다」

디터 메르쉬, 문화학연구회 옮김, 『매체이론』(연세대학교출판부, 2007).

플라톤, 조대호 옮김, 『파이드로스』(문예출판사, 2008).

Friedrich A. Kittler, Protected mode, in *Draculas Vermächtnis: Technische Schriften*(Reclam, 1993).

Inke Arns, *Netzkulturen*(Europäische Verlagsanstalt, 2002).

정종현 「선한 영향력 평가하기」

이광수, 「자녀중심론」, 《청춘》 제15호(1918년 9월).

윤덕영, 「1920년대 전반 민족주의 세력의 민족운동 방향 모색과 그 성격: 동아일보 주도 세력을 중심으로」, 《사학연구》 제98호(2010).

＿＿＿, 「1946년 전반 한국민주당의 재편과 우익정당 통합운동」, 《사학연구》 제121호(2016).

카트 에커트, 주익종 옮김, 『제국의 후예』(푸른역사, 2008).

주익종, 『대군의 척후』(푸른역사, 2008).

야나부 아키라, 김옥희 옮김, 『번역어의 성립』(마음산책, 2011).

정종현, 『제국대학의 조센징』(휴머니스트, 2019).

윤해영 「영향, 연결, 행동」

크리스 조던, 다큐멘터리 영화 「알바트로스」(2018, https://www.albatrossthefilm.com/)

나오미 클라인, 이순희 옮김, 『이것이 모든 것을 바꾼다』(열린책들, 2016).

앙투안 F. 괴첼, 이덕임 옮김, 『동물들의 소송』(알마, 2016).

이민경, 『우리에겐 언어가 필요하다』(봄알람, 2016).

캐럴 제이 애덤스, 류현 옮김, 『육식의 성정치』(이매진, 2018).

고병권, 『묵묵』(돌베개, 2018).
김한민, 『아무튼, 비건』(위고, 2018).

지난 호 목록

인문잡지 한편
2
인플루언서

글
이유진, 윤아랑, 강보라, 박한선,
이민주, 김아미, 김헌, 유현주,
정종현, 윤해영

편집
신새벽, 허주미, 이한솔

디자인
유진아

발행일
2020년 5월 15일

발행인
박근섭, 박상준

펴낸곳
(주)민음사

출판등록
1966. 5. 19. 제16-490호

주소
서울시 강남구 도산대로1길 62(신사동)
강남출판문화센터 5층(06027)

대표전화
02-515-2000

홈페이지
www.minumsa.com

값 10,000원

ISBN
978-89-374-9133-7 04100

ⓒ (주)민음사, 2020
본지에 실린 글과 사진의 무단 전재 및
복사를 금합니다.